AI와 건강 소통

AI문고

인공지능 시대입니다. 기계가 인간의 인지를 대신하고, 사물이 인간을 통하지 않고 다른 사물과 직접 커뮤니케이션합니다. 이에 따른 인간 삶과 문명 변화를 정확히 이해·예측·대응하는 것은 이 시대 우리 모두의 과제입니다. AI문고는 인공지능 기술과 환경의 여러 주제를 10가지 키워드로 정리합니다. 관련 개념과 이론, 학계와 산업계의 쟁점, 우리 일상의 변화를 다룹니다. 인간과 기술의 현재, 미래를 세심히 분석합니다.

일러두기

- 인명, 작품명, 저서명, 개념어 등은 한글과 함께 괄호 안에 해당 국가의 원어를 병기했습니다.
- 외래어 표기는 현행 어문규정의 외래어표기법을 따랐습니다.
- 이 출판물은 한양대학교 교내 연구 지원 사업으로 연구되었습니다. (HY-2025-1574)

처음이세요?
전문가세요?

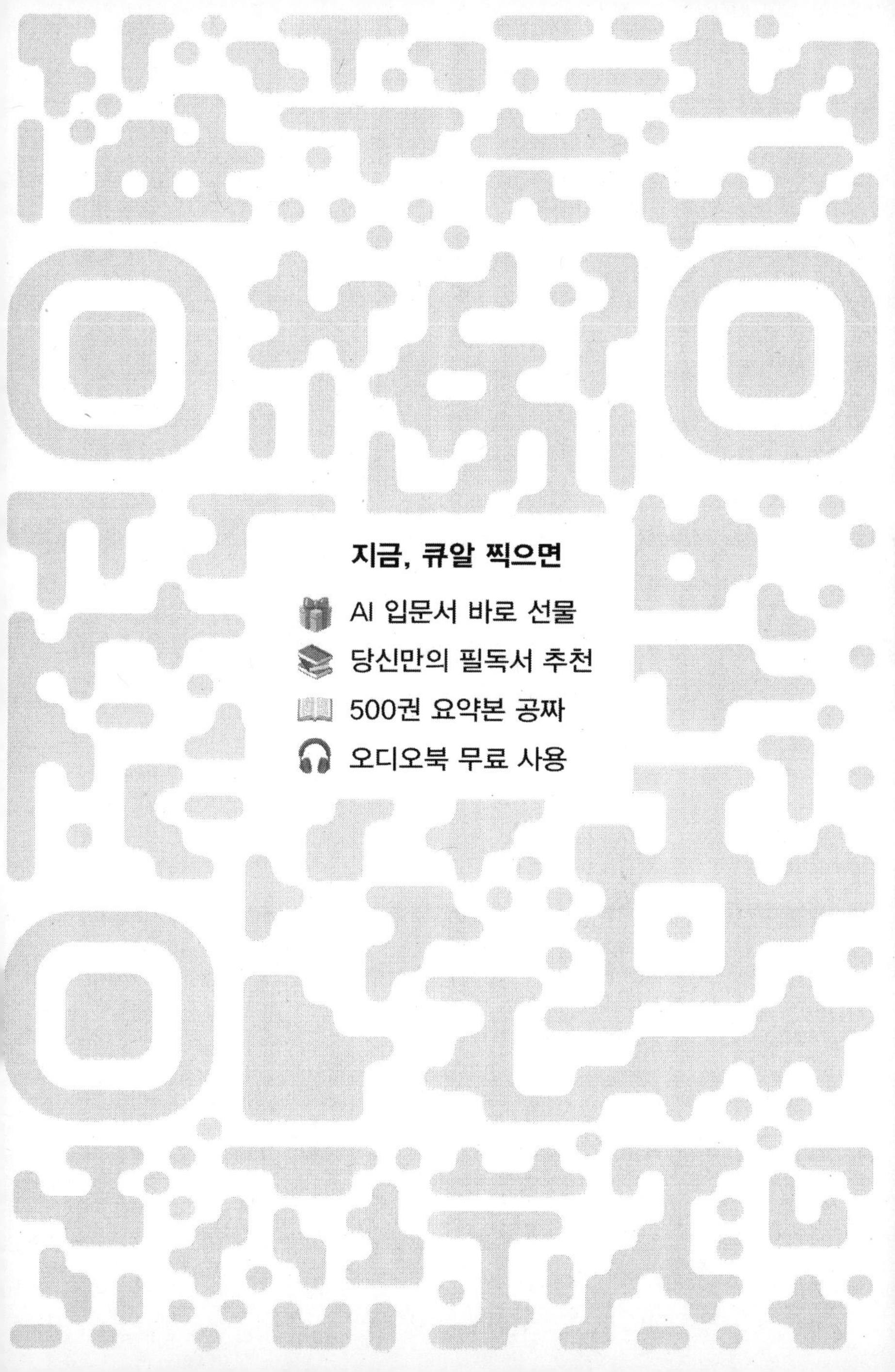

지금, 큐알 찍으면
AI 입문서 바로 선물
당신만의 필독서 추천
500권 요약본 공짜
오디오북 무료 사용

AI와 건강 소통

백혜진

대한민국, 서울, 커뮤니케이션북스, 2026

AI와 건강 소통

지은이 백혜진
펴낸이 박영률

초판 1쇄 펴낸날 2026년 2월 24일

커뮤니케이션북스(주)
출판 등록 2007년 8월 17일 제313-2007-000166호
02880 서울시 성북구 성북로 5-11
전화(02) 7474 001, 팩스(02) 736 5047
commbooks@commbooks.com
www.commbooks.com

ISBN 979-11-430-1828-1 03500

책값은 뒤표지에 표시되어 있습니다.

차례

AI가 새로 쓰는 건강 소통의 문법

AI가 주인공이 된 소통의 시대

2025년 대한민국 출판계의 가장 뜨거운 키워드는 단연 '인공지능(AI)'이었다. 교보문고는 한 해 동안 출간된 도서 제목에서 가장 많이 발견된 단어로 AI를 꼽았다. 이는 AI가 특정 전문가들만의 기술 담론이 아니라, 우리 일상을 설명하고 해석하는 보편적인 언어로 확장되고 있음을 시사한다. 이 흐름은 우리의 건강과 생명을 직접적으로 다루는 건강 소통 영역에서 더욱 극적이고 실질적인 변화로 나타나고 있다.

이제 사람들은 몸에 이상을 느끼면 곧장 의사에게 달려가거나 수동적인 검색창에 단어 몇 개를 던지는 대신, 생성형 AI에게 자신의 증상과 맥락을 상세히 설명하고 최선의 조치를 묻는다. AI는 의료 현장의 효율성을 높이는 보조 도구의 수준을 넘어, 건강 정보의 생산과 유통 그리고 소비 방식 전반을 혁신적으로 재편하고 있다. 특히 전 세계가 겪은 코로나19 팬데믹은 실시간 데이터를 모니터링하고 챗봇을 통해 개인화된 조언을 얻는 소통 방식을 우리 일상의 표준으로 정착시켰다. 이제 AI는 우리가 건강을 이해하고 실천하는 모든 과정을 연결하고 조율하는 소통의 중추적인 인프라로 자리 잡았다.

도구에서 동반자로: 생성형 AI 활용의 패러다임 전환

생성형 AI의 확산을 단순히 '지식 검색의 진화'나 '콘텐츠 생산 도구의 등장'으로만 이해하면 변화의 본질을 놓치기 쉽다. 진정한 핵심은 생산성 향상 그 자체가 아니라, 사람들이 인공지능을 단순한 기계가 아닌 나와 상호작용하는 '대화 상대'로 대하기 시작했다는 점에 있다. 하버드 비즈니스 리뷰의 2025년 연구인 "생성형 AI의 실제 활용 방식"에 따르면, 인공지능 활용의 핵심 축은 이미 기술적 문제 해결에서 정서적 · 존재론적 지원으로 빠르게 이동하고 있다. 구체적으로 레딧(Reddit)과 쿼라(Quora) 등 글로벌 온라인 포럼의 활용 사례 100가지를 분석한 결과, 사용자가 체감하는 유용성 1위는 놀랍게도 '치료와 동반자 관계'였다. 이는 생성형 AI가 단순한 정보 검색 도구를 넘어, 인간의 자기 성찰을 돕고 정서 조절과 삶의 방향 설정을 지원하는 동반자적 기술로 인식되기 시작했음을 시사한다. 특히 캐릭터 AI(Character.

ai)와 같은 플랫폼에서 심리학자 페르소나를 가진 챗봇이 폭발적인 인기를 끄는 현상은 매우 상징적이다. 사용자들은 AI를 언제든 접근 가능하고 비용 부담이 없으며, 무엇보다 타인의 시선이나 사회적 낙인에 대한 두려움 없이 속내를 털어놓을 수 있는 '안전한 대화 상대'로 정의한다.

이러한 패러다임의 전환은 건강 소통의 관점에서 매우 중요한 화두를 던진다. 이제 건강 메시지는 전문가가 대중에게 일방적으로 던지는 지시가 아니라, 사용자가 스스로의 상태를 언어화하고 성찰하도록 돕는 '촉진적 대화'로 진화해야 하기 때문이다. 이러한 변화는 자연스럽게 'AI 의료'라는 기술적 프레임을 넘어, 우리 삶의 전반을 아우르는 '건강 소통'이라는 본질적 영역을 주목하게 한다.

AI 의료를 넘어 건강 소통의 영역으로

건강 영역에서 AI를 둘러싼 논의는 종종 AI 의료라는 틀로 수렴되곤 한다. 진단 정확도 향상, 영상 판독, 치료 계획 수립, 신약 개발 및 병원 운영 효율화 등은 분명 보건 의료 현장의 중요한 주제다. 그러나 이 책이 주목하는 지점은 소통이다. 질병의 진단과 수술 지원이 기술적 의료의 영역이라면, 환자와 의사가 데이터를 매개로 협력하고 암 환자 지지 그룹이 AI를 통해 위로를 얻으며, 미디어 캠페인이 AI 모델을 통해 개인화된 메시지를 던지는 과정은 명백히 소통의 영역이다. 즉, 의료 행위를 얼마나 더 빠르고 정밀하게 수행하느냐를 넘어, 사람들이 건강 관련 정보를 쉽게 이해하고 이를 자신의 삶에 기꺼이 받아들여 지속적인 변화를 만들어 내도록 돕는 과정이 바로 건강 소통의 본질이다.

기존의 AI 의료는 주로 진단과 치료를 보조하는 기술적 개입에 초점을 맞추어 왔다. 세계보건기구는 이를 의료 서비스의 질과 접근성을 향상하기 위한 기술로 정의하며, 방대한 데이터를 분석해 질병 패턴을 도출하고 의료진의 임상적 판단을 지원하는 역할을 부여한다. 실제로 영상 판독과 유전체 분석 등에서 AI는 괄목할 성과를 보여 왔다. 그러나 임상적 성과가 곧바로 환자의 수용과 행동 변화로 이어지는 것은 아니다. AI는 의료진의 역량을 확장하는 지능(Augmented Intelligence)으로서 현장의 부담은 줄일 수 있지만, 환자가 느끼는 근원적인 불안이나 가치 판단과 같은 정서적 영역까지 온전히 책임지기에는 한계가 있다.

이 지점에서 우리는 기존 건강 소통이 지닌 구조적 문

제를 되짚어봐야 한다. 건강 소통은 전통적으로 정보 전달을 통해 행동 변화를 촉진해 왔으며, 특히 신뢰를 바탕으로 한 즉각적인 상호작용은 성공의 핵심 조건으로 꼽혔다. 하지만 그간의 건강 소통은 전문가 중심의 권위적인 정보 전달과 난해한 의학 용어에 치중한 나머지, 환자와의 심리적 거리를 좁히는 데 실패해 왔다. 의료진의 절대적인 시간 부족으로 인해 대화는 단편적이고 형식적으로 만들었고, 이는 건강 문해력이 낮거나 의료 접근성이 제한된 취약 계층에서는 정보 격차와 소외를 더욱 심화시켰다.

이러한 공백을 메우며 등장한 AI 건강 소통은 의료를 보완하는 새로운 인프라로서 지평을 넓히고 있다. 하버드 비즈니스 리뷰의 2025년 분석이 시사하듯, AI의 역할은 이제 단순한 기술적 상담을 넘어 정서적 지지와 건강한 일상을 설계하는 전방위적 관리 영역으로 확장되고 있다. 구글 제미나이와 같은 모델은 해독하기 어려운 검사 결과지나 약봉투의 정보를 환자의 언어로 쉽게 풀이해 정보의 장벽을 허문다. 또한 웨어러블 기기와 연동된 AI는 실시간 데이터를 분석하여 사용자가 자신의 상태를 직관적으로 이해하고 스스로 관리 루틴을 만들어가도록 돕는다. 이는 건강 소통의 패러다임이 일방적인 정보 제공을 넘어, 환자가 자신의 데이터를 매개로 AI와 대화하며 몸의 신호를 함께 해석하고 최선의 대안을 찾아가는 '공동의 탐색' 과정으로 진화하고 있음을 의미한다.

결국 AI는 건강 소통의 구조를 근본적으로 재편하는 핵심적인 동력이 되고 있다. 가상 에이전트나 챗봇을 통한 끊임없는 상호작용, 사회적 로봇을 활용한 정서적 지지는 AI가 소통의 매체를 넘어 사회적 상호작용의 주체로 기능하기 시작했음을 보여 준다. 의료가 질병을 고치는 전문적인 판단의 영역이라면, AI 건강 소통은 사람들이 건강을 온전히 이해하고 최선의 선택을 하도록 만드는 기술이다. 특히 만성질환 관리나 정신 건강 영역에서는 치료 행위 그 자체보다 지속적인 소통과 관계 형성이 더 중요한 변수로 작동한다. AI의 진정한 잠재력은 단순한 의료 자동화에 있는 것이 아니라, 기존 소통이 도달하지 못했던 시간과 공간, 그리고 정서와 맥락의 빈틈을 메우는 데 있다.

AI 건강 소통의 기회와 도전

AI 기반 건강 소통의 확산은 새로운 기회를 제공하는 동시에 기술 도입만으로는 해결할 수 없는 엄중한 도전 과제를 동반한다. 우선 AI는 병원 밖 일상에서 건강 정보를 찾는 사람들에게 전혀 다른 차원의 소통 경로를 열어준다. 시간의 제약 없이 언제 어디서나 즉각적인 답변을 얻을 수 있고, 사용자의 질문에 맞춰 실시간으로 반응하며 깊이 있는 대화를 이어가는 것이 가능해졌다. 무엇보다 AI는 어려운 의학 지식을 사용자의 이해 수준에 맞춰 쉽게 풀어서 설명할 뿐만 아니라, 개인이 처한 구체적인 상황과 선호까지 반영한 맞춤형 정보를 제공한다. 이러한 특성은 낮은 의료 접근성이나 사회적 낙인, 혹은 경제적 부담 때문에 치료를 망설이던 이들에게 신뢰할 수 있는 첫 번째 통로가 되어 준다. AI는 이들이 필요한 정보를 탐색하고 올바른 건강 행동을 선택하도록 돕는 강력한 잠재력을 지니기 때문이다. 나아가 공중 보건 차원에서는 온라인상의 방대한 반응을 실시간으로 감지하여, 정보에서 소외된 취약 계층에게 꼭 필요한 지침을 제때 전달할 수 있다. 이는 결과적으로 정보의 사각지대를 없애고, 어느 누구도 건강 정보에서 소외되지 않는 '평등한 소통 환경'을 만드는 데 기여한다.

그러나 다른 한편으로, AI가 건강 정보 생태계의 속도를 끌어올릴수록 정보 과잉과 오정보의 확산 역시 같은 속도로 증폭될 수 있다. 행동 건강 및 사회 정의를 위한 글로벌 동맹의 2024년 결의안에 따르면 매일 전 세계적으로 10억 건 이상의 건강 정보 검색이 이루어지는 상황에서, AI가 생성한 가짜 기사 웹사이트는 1년 만에 1000퍼센트 이상 급격히 증가했다. 이러한 오정보의 범람은 건강 격차를 심화시키는 결정적 요인이 된다. 실제로 대중의 63퍼센트는 AI 챗봇이 제공하는 건강 정보의 정확성에 확신을 갖지 못한다고 보고했는데, 이러한 불신은 기술의 확산 속도와는 별개로 건강 소통의 근간인 신뢰를 뿌리째 뒤흔든다.

중요한 점은 이러한 리스크가 모든 이에게 균등하게 발생하지 않는다는 사실이다. 잘못된 정보의 확산은 역사적으로 소외되고 차별받아온 취약 계층에게 더 큰 타격을 주며, 결과적으로 기존의 건강 불평등을 더욱 공고히 하는 경로가 된다. AI는 건강 정보를 제공하는 편리한 도구인 동시에 알고리즘의 편향성이라는 어두운 그림자를 함께 지니고 있기 때문이다.

따라서 미래의 건강 소통 AI는 단순히 편리하고 효율적인 기술을 넘어, 포용성과 책임성을 설계 단계부터 내장해야 한다. 개발 초기부터 인종, 문화, 언어적 편향을 제거하고 다양한 문화적 맥락에서 성능을 검증하는 포용적 개발이 필수적이다. 또한 기술적 우수성뿐만 아니라 정보가 생성된 근거를 투명하게 밝히는 '설명 가능한

AI'의 도입은 신뢰 형성을 위한 전제 조건이다. 결국 신뢰는 기술적 정확도만으로 완성되지 않는다. 그 기술이 개인의 권리와 안전, 그리고 사회 정의를 존중할 때 비로소 AI는 우리 사회의 건강을 지키는 든든한 소통 인프라로 자리 잡을 수 있을 것이다.

이 책이 다루는 열 가지 지도

이 책은 바로 이러한 문제의식에서 출발한다. AI를 의료 기술의 연장선이 아닌, 건강을 이해하고 선택하며 실천하게 만드는 '소통의 구조'로서 재정의한다. 이를 위해 AI와 건강 소통의 접점을 열 가지 핵심 주제로 나누어 살펴본다.

먼저 1장 '건강 소통과 AI의 만남'에서는 전통적인 의료 소통이 AI와 융합하며 맞이한 구조적 전환을 개관한다. 과거의 소통이 정보 전달에 그쳤다면, 이제는 데이터 분석을 통해 질병을 예측하고 예방하며 환자 개개인에게 맞춤화된 치료를 제공하는 '참여형 의료'의 실현으로 나아가고 있다. 2장 'AI와 개인 맞춤형 건강 소통'은 빅데이터를 기반으로 환자의 유전적 특성과 심리적 동기를 분석하여 정보를 최적화하는 인프라를 다룬다. 이는 기존 소통 방식의 비용 한계를 극복하고 사용자의 상태에 따라 실시간으로 반응하는 강력한 동력이 된다. 3장 'AI 활용 건강 메시지 설계'는 생성형 AI가 이론적 정교함을 갖춘 메시지를 생성하고 수용자의 이해도에 맞춰 변주하는 과정을 추적한다. 특히 AI가 생성한 메시지의 질과 역동성이 환자의 주의를 집중시키고 정서적 공감을 이끌어내는 핵심 전략임을 강조한다.

중반부에서는 생생한 현장의 사례를 통해 기술의 실천적 양상을 탐색한다. 4장 'AI 활용 건강 중재'는 '실벗'을 비롯해 '파로', '페퍼' 등 다양한 로봇 기술이 노년층의 인지 기능 유지와 정서적 웰빙을 돕는 실증적 중재 수단임을 분석한다. 나아가 인공지능이 실시간 상호작용과 개인 맞춤형 피드백을 제공하며 고도화된 디지털 건강 중재 플랫폼으로 진화하고 있음을 제시한다. 5장 'AI 건강 에이전트'는 가상 간호사 '몰리'와 가상 환자 '소피' 등 시각적 실재감을 갖춘 에이전트들이 인간과 맺는 새로운 사회적 관계를 조명한다. 이들은 단순한 정보 전달 창구를 넘어 환자와 정서적 교감을 나누고 친밀감을 높이는 새로운 소통의 원천이 된다. 6장 'AI와 보건 위기 소통'은 팬데믹 상황에서 전문가 소싱 챗봇 '제니퍼' 등을 통해 잘못된 정보의 범람에 대응하는 지능형 거버넌스를 논의한다. 이는 AI가 위기 상황에서 신속성과 정확성을 동시에 확보하는 핵심적인 대응 인프라로 기능함을 보여 준다.

후반부에서는 기술 도입에 따른 새로운 역량과 사회적 과제를 짚어본다. 7장 AI 건강 문해력은 단순히 정보를 찾는 능력을 넘어, AI의 권고를 비판적으로 평가하고 인공지능이 만들어 내는 그럴듯한 오류(환각 현상)에 능숙하게 대처하는 역량을 정의한다. 특히 기술 활용 과정에서 발생하는 정보 격차를 개인의 숙제로 남겨두지 않고, 이를 해소하기 위해 사회와 조직이 져야 할 책임을 비중 있게 다룬다. 8장 'AI와 의료 접근성'은 아마존 '알렉사'와 원격 의료의 결합 사례처럼 AI가 병원 밖 일상을 의료 시스템과 잇는 첫 번째 통로가 되는 구조적 변화를 추적한다. AI가 지리적 · 경제적 한계에 부딪힌 취약 지역의 장벽을 낮추는 혁신적 도구인 동시에, 데이터 편향으로 인해 또 다른 소외를 낳는 새로운 장벽이 될 수 있음을 경고한다.

9장 'AI와 정신 건강'은 디지털 활동 기록을 통한 위기 조기 감지와 치료 챗봇 '우봇'의 성과를 살피며, 정서적 지원과 고립 사이의 균형점을 모색한다. AI가 심리적 사각지대를 메우는 대안이 될 수 있음을 보여 주는 동시에 기술 의존에 따른 부작용을 고찰한다. 마지막으로 10장

'AI 건강 소통의 빛과 그림자'에서는 기술의 혁신적 잠재력 이면에 도사린 알고리즘의 편향과 윤리적 공백을 종합적으로 짚어본다. 인공지능이 드리운 그림자를 직시하며, 인간의 존엄을 지키고 신뢰를 확보할 수 있는 건강 소통의 최종적인 지향점을 제시하며 마무리한다.

AI가 채울 수 없는 소통의 마지막 빈틈

미래의 건강 소통은 단순히 답변을 제공하는 단계를 지나 사용자의 언어와 행동 및 생체 데이터를 종합적으로 이해하여 질병의 전조를 미리 포착하고 대응하는 선제적 인프라로 진화할 것이다. 하버드 의과대학의 아이작 코헤인은 AI가 환자의 경험을 통째로 바꿀 것이라고 내다봤다. 병원 문을 나서자마자 AI로부터 진료 내용에 대한 추가 조언을 즉시 제공받는 환경이 구축되면, 환자는 더 큰 안심을 얻고 의사와의 관계 또한 더욱 단단해질 것이라는 전망이다. AI 기술이 정교해질수록 의료진은 반복되는 서류 작업이나 단순 안내 업무에서 벗어나게 된다. 대신 그 여유 시간은 오직 인간만이 줄 수 있는 따뜻한 공감과 돌봄, 그리고 복잡한 윤리적 고민이 필요한 환자들에게 온전히 쓰일 것이다. 결국 기술이 발전할수록 역설적이게도 건강 소통의 가장 핵심적인 가치인 '상호 신뢰'와 '인간다움'은 더욱 빛을 발하게 된다.

그러나 AI가 건강 소통에 던지는 궁극적인 질문은 기술의 성능이 아니라 소통의 윤리다. 어떤 정보를 선택하고 어떻게 설명할지, 그 과정에서 소외되는 이들은 없는지 성찰하는 일은 기술이 대신할 수 없기 때문이다. AI는 개인의 맥락에 맞춘 설명을 제공하는 강력한 도구인 동시에, 오정보를 확산하고 편향을 자동화할 위험을 안고 있다. 그래서 AI 시대의 건강 소통은 기술을 어떻게 쓰느냐 이전에 '무엇을 지킬 것인가'를 먼저 물어야 한다. 그 기준은 언제나 환자와 시민, 그리고 우리 공동체라는 사람을 향해야 한다.

이러한 문제의식은 이 책의 집필 과정에도 그대로 투영되었다. 사실 이 저서의 제작 과정 자체가 AI와의 긴밀한 협업으로 이루어진 하나의 실험이었다. 필자는 제한된 분량에 맞춰 문장을 정교하게 교정하는 일, 수많은 참고 문헌을 출판 형식에 맞춰 정리하는 일, 그리고 각 장의 논리적 흐름이 독자에게 적절하게 전달되는지를 검토하는 과정에서 제미나이3.0과 챗GPT5.2의 도움을 받았다. AI와 끊임없이 대화하며 원고를 다듬는 과정은 기술이 인간의 지적 활동을 어떻게 보조하고 확장할 수 있는지를 실천적으로 경험하는 계기가 되었다. 그럼에도 인공지능이 노출하는 예기치 못한 실수와 환각 현상을 정교하게 걸러내고 최종적인 판단을 내리는 것은 전적으로 저자의 책임이자 몫이었다.

이 책은 AI를 찬양하거나 두려워하기 위해 쓰이지 않았다. 기술이 인간의 삶에 깊숙이 개입할수록 건강 소통의 원칙을 더 정교하게 세워야 한다는 것이 이 책의 핵심 논지다. 정보가 범람하는 시대일수록 이해 가능한 설명과 신뢰 가능한 관계의 가치는 더욱 빛을 발한다. AI가 그 목표를 돕는 진정한 도구가 되기 위해서는 기술의 속도만큼이나 소통의 기준과 철학을 빠르게 정립해야 한다.

2026년의 문을 연 지금, 전 세계는 불과 며칠 뒤 개막할 CES 2026을 뜨거운 관심으로 주목하고 있다. 매년 1월 글로벌 기술의 향방을 결정짓는 세계 최대 IT · 가전 전시회인 CES는, 2025년 젠슨 황 엔비디아 CEO가 AI가 화면 밖으로 나와 물리적 세계와 연결되는 '피지컬 AI (Physical AI)' 시대를 선언한 이후, 과연 그 기술이 우리 거실과 병실에서 어떻게 실체화될지 전 세계가 1년 내내 주목해 온 현장이다. 특히 이번 CES 2026에서는 생성형 AI가 인간의 감정을 정교하게 이해하고 반응하는 '공감 AI(Empathy AI)'가 차세대 기술의 지향점으로 논의될 예정이다. 이는 지난 1년의 기술적 담론이 이제 '공감'이라는 인간적인 옷을 입고 우리 삶에 깊숙이 파고드는, 불확실하지만 설레는 변화의 서막을 의미한다.

결국 기술이 화려해질수록 이 책이 전하고자 하는 결론은 더욱 명확해진다. 소통의 방식이 아무리 진화해도 그 본질은 결국 '사람'으로 귀결된다는 점이다. 이 책이 제시하는 열 가지 지도가 소통의 원칙을 지키면서도 기술을 현실의 언어로 번역하고자 하는 모든 이들에게 실질적인 길잡이가 되기를 바란다. 인공지능이라는 강력한 도구를 완성하는 마지막 한 조각은, 결국 그것을 다루는 사람의 온기와 책임 있는 성찰이다.

참고문헌

김주현(2025.12.15). "안경 썼더니 눈앞이 '빼곡', 입 열 필요도 없다… CES 2026 휩쓸 주제는". 머니투데이 유니콘팩토리. https://www.unicornfactory.co.kr/article/2025121514215480191

송하연 외(2020). "인공지능과 헬스 커뮤니케이션". 《언론정보연구》, 57(3), 196~238쪽.

YTN 사이언스(2025.12.15). "올해 출간 책 제목에 'AI(인공지능)' 가장 많이 등장". https://science.ytn.co.kr/program/view.php?mcd=0082&key=202512151116100134

Global Alliance for Behavioral Health and Social Justice(2024). Resolution on the role of health communication AI in advancing health equity for all. https://www.bhjustice.org/wp-content/uploads/2024/09/The-Role-of-Health-Communication-AI-and-Advancing-Health-Equity.pdf

Kreps, G. L. & Neuhauser, L.(2013). Artificial intelligence and immediacy: Designing health communication to personally engage consumers and providers. *Patient Education and Counseling, 92*(2), pp.205~210.

Powell, A.(2025.3.20). Machine healing. The Harvard Gazette. https://news.harvard.edu/gazette/story/2025/03/how-ai-is-transforming-medicine-healthcare/

Zao-Sanders, M.(2025.4.9). How people are really using Gen AI in 2025. Harvard Business Review.

01
건강 소통과 AI의 만남

AI의 등장은 건강 소통의 기존 패러다임을 근본적으로 전환하고 있다. 매체와 전략 중심의 소통을 넘어 인공지능이 개인의 맥락을 실시간으로 분석하고 상호작용하는 새로운 체계다. 이러한 변화는 소통의 효율을 높이는 기회가 되는 동시에 정보의 신뢰성과 편향성이라는 엄중한 도전 과제를 안겨주기도 한다. 이 장에서는 건강 소통과 AI의 진화 과정을 살피고, 두 영역의 만남이 가져온 새로운 지평을 정리한다.

기후 위기와 인공지능?

현대 사회에서의 건강이란

현대 사회에서 건강은 단순히 병이 없는 상태만을 의미하지 않는다. 세계보건기구(WHO)는 건강을 신체적 · 정신적 · 사회적 안녕(well-being)을 포함하는 포괄적 개념으로 정의한다. 이에 따라 건강 증진을 위한 접근 역시 단순한 치료를 넘어 정보 전달, 행동 변화, 사회적 환경 조성까지 아우르는 통합적 소통 전략을 필요로 한다. 이러한 맥락에서 건강 소통(Health Communication)은 개인과 공동체가 건강 관련 결정을 이해하고 수행할 수 있도록 정보를 제공하고 행동 변화를 지원하기 위한 전략적 소통의 과정으로 정의된다(National Library of Medicine, 2020).

오늘날의 건강 소통은 병원 진료실에서 환자와 의사의 대화를 넘어 공중 보건 캠페인, 정책 홍보, 디지털 헬스 서비스, 모바일 앱, 메타버스 기반 교육 등 다양한 형태로 확장되고 있다. 특히 인공지능(AI)의 급격한 발전은 건강 소통의 방식과 범위, 효과를 근본적으로 변화시키고 있다. 이는 단순히 기계를 도구로 쓰는 것을 넘어, 인간과 기계가 협력하여 질병을 예측하고 초개인화된 건강 서비스를 제공하는 새로운 시대가 열리고 있음을 의미한다.

건강 소통의 진화:
"의학의 시대"에서 "AI 융합의 시대"로

건강 소통은 초기 의료 현장을 중심으로 한 의사-환자 관계 속에서 치료 목적의 소통이 강조되는 형태로 출발했다. 1950~1960년대의 이른바 '의학 중심 시대'에는 의료진이 일방적으로 정보를 제공하고 환자는 이를 수동적으로 따르는 상명하달식 커뮤니케이션 방식이 주류였으며, 건강 정보는 의료 기관이 독점한 형태였다(백혜진 · 심민선, 2024).

1970~1980년대에 들어서면서 건강 소통은 대중매체의 확산과 함께 공공 캠페인 중심의 '현장 기반 확산 시기'로 전환되었다. 라디오와 TV를 활용한 예방접종, 흡연 경고, 가족계획 캠페인이 활발해졌으나, 여전히 공중은 정보 수용자의 역할에 머물렀다. 이후 1990년대를 기점으로 마케팅과 설득 이론이 본격적으로 도입되면서 건강 소통은 '전략화 단계'에 돌입했고, 세분화된 대상별 메시지 전략, 증거 기반 기획, 프로그램 평가 등이 체계화되었다. 인터넷과 모바일 환경의 확대로 건강 소통은 일방향 전달에서 공중 참여형, 쌍방향적 구조로 발전하기 시작했다.

오늘날 건강 소통은 AI와 빅데이터, 그리고 실감형 인터페이스가 유기적으로 얽힌 'AI 융합의 시대'에 진입했다. 지능형 알고리즘은 사용자의 행동 패턴과 생체 데이터를 실시간으로 학습하여 개별 맥락에 최적화된 경험을 설계한다. 이를 통해 질병의 예방과 예측은 물론, 환자가 치료 과정에 주도적으로 참여하는 '참여형 맞춤 의료'의 실현을 앞당기고 있다.

이러한 소통의 진화는 가상현실(VR)이나 증강현실(AR) 같은 체감형 매체와 결합할 때 강력한 시너지를 낸다. 미국 스탠퍼드 대학교의 가상 인간 상호작용 연구소(Virtual Human Interaction Lab)는 VR를 통해 흡연으로 인한 폐 기능 저하를 감각적으로 체험하게 함으로써 위험 인식을 극대화하는 프로그램을 선보였다. 또한 디지털 치료제인 AppliedVR는 사용자의 상태에 실시간으로 반응하는 맞춤형 중재를 통해 만성 통증 완화 효과를 입증하며 미국 FDA 승인을 획득하기도 했다(PR Newswire, 2021).

더 나아가 일상 속의 재미와 건강관리를 결합한 데이터 주도적 건강 중재 모델들도 주목받고 있다. 사용자의 위치와 활동 데이터를 기반으로 정교하게 설계된 AR 게임 '포켓몬 고'는 설치 후 한 달간 평균 걸음 수를 약 25% 증가시키며 실질적인 행동 변화를 이끌어냈다(Althoff et al., 2016). 국내에서도 식품의약품안전처가 메타버스 플랫폼 제페토 내에 구축하여 집행한 "지킬박사 월드" 식중독 캠페인은 학생과 학부모에게 몰입감 있는 게임형 경험을 제공하며 식중독 예방 수칙을 효과적으로 전달한 바 있다(마혜현 외, 2025). 결국 AI 융합 시대의 건강 소통은 고도화된 기술 생태계가 사용자의 감각과 일상을 능동적으로 보조하여 삶의 변화를 견인하는 데 그 본질이 있다.

AI의 진화: "알고리즘 중심"에서 "데이터 중심"으로

건강 소통만큼이나 AI의 역사도 길며 오랜 진화의 길을 거쳤다. 1956년 다트머스 회의에서 '인공지능(Artificial Intelligence)'이라는 용어가 처음 등장한 이후, 인간 지능을 기계로 재현하려는 비전은 점차 현실화되었다. 초기 AI는 상징적 추론과 전문가 시스템 등 알고리즘 설계를 중심으로 발전했으나 컴퓨팅 파워의 한계로 성능 개선에 제약이 있었다.

2012년 GPU와 대규모 데이터세트를 활용한 이미지 인식 기술의 돌파구는 딥러닝 시대의 서막을 열었다. 2016년 알파고(AlphaGo)의 승리는 심층 강화 학습의 성공을 시사했으며, 2017년 구글의 트랜스포머 구조와 2018년 버트(BERT)의 등장은 자연어 처리의 혁신을 가져왔다. 최근에는 거대 언어 모델(LLM)과 생성형 AI가 급성장하며 사람과 자연스러운 대화를 나누고 텍스트, 이미지, 영상까지 생성하는 단계로 진화하였다. 이제는 양질의 데이터 확보가 핵심인 '데이터 중심 패러다임'으로 이동하고 있다. 이제 인공지능은 단순한 소프트웨어를 넘어, 실제 환경에서 실시간으로 판단하고 행동하는 '에이전트 AI'로 진화하는 중이다(Wu et al., 2025).

AI 건강 소통의 기회와 도전

지난 30여 년간 인터넷과 소셜 미디어가 건강을 소통하는데 혁신을 가져왔듯이, AI는 그 이상의 변화와 기회를 창출할 잠재력을 지니고 있다(Miller et al., 2024). 첫째, AI는 방대한 데이터를 분석하여 개인별 맞춤형 메시지를 제작할 수 있다. 예를 들어 당뇨병 위험군에게는 개인화된 식단 관리 정보를, 금연 희망자에게는 개별적 동기부여를 포함한 금연 방법을 안내하는 식이다. 둘째, AI 기반 분석을 통해 질병 발생률, 백신 접종률, 의료 이용 현황 등을 실시간으로 추적할 수 있으며, 예측 분석으로 향후 공중 보건 수요를 사전에 파악하는 것이 가능해진다. 셋째, 데이터 분석, 콘텐츠 생성, 정보 배포와 같은 반복적 업무를 자동화함으로써 보건 전문가들이 정책 수립 및 전략 기획 등 고부가가치 과업에 더 집중할 수 있는 환경을 조성한다. 넷째, AI 번역, 음성 비서, 챗봇 등을 활용해 언어 장벽이 있는 외국인이나 건강 문해력이 낮은 집단도 양질의 건강 정보에 쉽게 접근하도록 돕는다. 다섯째, 24시간 가동되는 대화형 챗봇과 가상 비서는 사용자가 궁금한 점이 생겼을 때 실시간으로 답을 제공하며, 이는 병원이나 보건소를 직접 방문하기 어려운 상황에서도 필요한 정보를 신속하게 얻을 수 있는 통로가 된다.

이러한 기회와 장점에도 불구하고 해결해야 할 도전 과제 또한 엄중하다. 첫째는 개인정보 보호 문제다. AI가 개인의 건강 상태, 진료 기록, 검색 내역 등 민감한 정보를 활용하는 과정에서 정보가 유출되거나 악용될 위험이 상존한다. 둘째는 정보의 편향성 문제다. 특정 언어나 인구 집단에 편중된 데이터를 학습할 경우, 인공지능의 판단이 도리어 건강 불평등을 야기할 가능성이 크다. 셋째는 정보의 부정확성과 오정보의 확산이다. 생성형 AI 특유의 '환각(Hallucination)' 현상으로 인해 잘못된 건강 정보가 제공될 경우 이는 사용자에게 치명적인 결과를 초래할 수 있다. 넷째는 허위 정보 확산에 대한 우려다. 단순히 낡거나 부정확한 정보를 넘어, 자동화된 응답 시스템이 검증되지 않은 건강 정보를 대량으로 유포할 위험이 있으므로 공신력 있는 기관의 엄격한 관리와 품질 점검이 필수적이다.

특히 정보의 부정확성과 허위 정보의 확산은 건강 소통의 근간인 신뢰를 순식간에 무너뜨리는 치명적인 위협이 된다. 실제로 보건 정책 전문 연구 기관인 카이저가족재단(Kaiser Family Foundation)의 2024년 조사에 따르면, 성인 3명 중 약 2명(66%)이 AI를 사용하고 있지만 이들 중 56%는 AI 챗봇이 제공하는 건강 정보의 정확성을 신뢰하지 않는다고 답했다. 또한 대다수 성인은 AI 챗봇이 요리, 가사, 기술 관련 과제에서는 신뢰할 만한 정보를 제공한다고 보았으나, 건강(29%)이나 정치(19%) 영역에서 신뢰를 보낸 비율은 현저히 낮았다. 응답자의 약 23%는 AI가 정확한 건강 정보를 찾는 이들에게 오히려 해를 끼친다고 보았으며, 21% 역시 AI가 이러한 혼란에 기여하고 있다고 응답했다(Presiado et al., 2024). 이는 향후 AI 기반 건강 소통을 설계하는 담당자들에게 신뢰성 확보가 가장 시급한 과제임을 시사한다.

결론적으로 AI는 건강 소통을 더욱 개인화되고 지능

적으로 진화시킬 잠재력을 지니고 있지만, 기술적 진보와 '신뢰 가능한 정보 제공'이라는 두 축 사이의 균형이 무엇보다 중요하다. 결국 AI는 인간을 보조하는 도구일 뿐이며, 건강한 사회를 만드는 근본적인 힘은 기술을 설계하는 사람의 윤리적 책임과 철저한 검증에 달려 있기 때문이다.

참고문헌

마혜현 외(2025). "메타버스를 통한 식중독 예방 캠페인 평가: 사용자 경험 요인과 기술수용요인의 통합적 적용". 《헬스커뮤니케이션연구》, 24(2), 121~144쪽.

백혜진·심민선(2024). "건강 소통". 《커뮤니케이션 과학의 지평》, 429~460쪽. 나남.

Althoff, T. et al.(2016). Influence of Pokémon Go on physical activity: Study and implications. *Journal of Medical Internet Research, 18*(12), e315.

Miller, M. R. et al.(2024). Leveraging AI for public health communication: Opportunities and risks. *Journal of Public Health Management and Practice, 30*(4), pp.616~618.

National Library of Medicine(2020). Health communication: Collection development guidelines of the National Institutes of Health.

Presiado, M. et al.(2024.8.15). KFF health misinformation tracking poll: Artificial intelligence and health information. KFF.
https://www.kff.org/public-opinion/kff-health-misinform

ation-tracking-poll-artificial-intelligence-and-health-information/

PR Newswire.(2021.11.16). FDA grants AppliedVR approval for first virtual reality therapeutic to treat chronic low back pain. https://www.prnewswire.com/news-releases/fda-grants-appliedvr-approval-for-first-virtual-reality-therapeutic-to-treat-chronic-low-back-pain-301426221.html

Wu, J. et al.(2025). AI generations: From AI 1.0 to AI 4.0. Frontiers in Artificial Intelligence, 8, Article 1585629. https://doi.org/10.3389/frai.2025.1585629

02
AI와 개인 맞춤형 건강 소통

전통적인 맞춤형 소통이 사전에 정의된 집단에 고정된 메시지를 보내는 수준이었다면, AI는 실시간 데이터 분석을 통해 소통의 '시점'과 '운영 방식'을 스스로 최적화한다.
이 장은 메시지 제작의 효율성을 넘어, 데이터 통합과 다각적 채널 관리를 통해 환자의 일상에 끊김 없이 개입하는 지능형 소통 인프라의 구조적 변화와 실천적 과제를 집중 조명한다.

노래하는 AI 보컬?

개인 맞춤형 소통의 기대와 현실

개인 맞춤형 건강 소통은 환자의 유전적 요인과 임상적 상태는 물론 환경과 생활 습관, 심리적 및 행동적 특성, 그리고 건강 문해력 수준을 종합적으로 고려하여 건강 정보 제공과 상호작용 방식을 개인별로 조정하는 접근을 의미한다(Adegoke et al., 2024). 이는 모든 수용자에게 동일한 정보를 일괄적으로 전달하던 과거 방식에서 벗어나, 개개인의 준비도와 상황에 맞춰 소통의 깊이와 개입 시점을 조율하는 수용자 중심의 전략이다. 최근에는 기술 발전과 고령화 추세에 따라 질병을 미리 예측(Predictive)하고 예방(Preventive)하며, 개인에게 최적화된(Personalized) 정보를 통해 환자의 주도적 참여(Participatory)를 이끌어내는 이른바 '참여형 맞춤 의료(P4 Medicine)' 패러다임으로 진화하고 있다(송하연 외, 2020). 그러나 기존의 개인 맞춤형 건강 소통은 디지털 환경에서 기대만큼 안정적인 효과를 구현하지 못했다는 비판을 받기도 한다. 다수의 연구가 긍정적 효과를 보고했음에도 불구하고, 실제 현장에서는 높은 사용자 이탈률과 제한적인 효과의 크기가 반복적으로 관찰되었기 때문이다(Bol et al., 2020). 특히 어떤 요소가 구체적으로 행동 변화를 일으키는지에 대한 심리적 작동 원리가 충분히 규명되지 않았다는 점이 한계로 지적되었다. 이러한 문제는 문화적 맥락을 고려한 연구에서 더욱 두드러진다. 다수의 시도가 '문화적 맞춤'을 표방했으나 실제로는 언어나 이미지 같은 표면적 요소에만 치중했을 뿐, 수용자의 가치관이나 인지 과정에 깊이 파고드는 이론적 경로는 충분히 축적되지 못했다(Lapinski et al., 2025). 이러한 구조적 한계는 고정된 중재 방식을 넘어 실시간으로 맥락에 반응하는 기술적 동력의 필요성을 시사하며, 여기서 방대한 데이터를 바탕으로 초개인화된 소통 경로를 구축하는 AI의 역할이 부각된다.

AI와 빅데이터가 열어가는 개인 맞춤형 건강 소통

최근 의료 산업과 빅데이터의 융합은 맞춤형 건강 소통을 단발성 프로젝트에서 지속 가능한 운영 체계로 전환시키고 있다. 빅데이터는 그 규모, 속도, 다양성을 특징으로 하며, 환자 인구 집단과 질병 추세에 대한 깊은 통찰을 제공하는 핵심 자원이 된다. 특히 인공지능과 빅데이터 기술은 개인 맞춤형 소통의 출발점인 '수용자 세분화' 과정을 획기적으로 고도화한다(Adegoke et al., 2024). AI는 성별과 연령과 같은 인구통계학적 변수뿐만 아니라 행동 이력, 임상 지표, 심리적 특성을 결합하여 동일 질환 내에서도 서로 다른 필요와 실행 능력을 지닌 하위 집단을 정밀하게 구분해 낸다. 의료진은 이러한 분석을 통해 각 개인의 선호에 최적화된 메시지를 전달할 수 있게 된다.

한편 디지털 기술의 발전은 소통이 이루어지는 환경 자체를 변화시켰다. 모바일 헬스 앱, 소셜 미디어, 웨어러블 기기 등은 시간과 장소의 제약을 완화하며 취약하거나 접근이 어려운 집단까지 소통의 범위를 확장한다 (Bol et al., 2020). 특히 웨어러블 기기를 통해 수집되는 실시간 데이터는 위험 국면을 사전에 포착하여 조기 개입을 가능하게 하는 '예측 기반 소통'을 구현한다. 이제 AI의 역할은 단순히 문장을 생성하는 기술적 수준에 머물지 않는다. 핵심은 개인의 건강 데이터를 실시간으로 분석해 소통의 빈도와 강도를 스스로 조절하는 데 있다. 이를 통해 AI는 환자의 자발적인 참여를 이끌어내며, 일상 속 예방적 관리가 단절 없이 이어지도록 지탱하는 시스템적 기반을 제공할 수 있다.

AI 기반 개인 맞춤형 건강 소통의 적용 지형

AI 기반 맞춤형 소통의 성패는 정교한 운영 논리와 데이터 통합에 달려 있다. 빅데이터 분석을 통해 환자 집단을 인구통계학적 · 행동적 · 임상적 특성에 따라 세밀하게 분류하면, 타깃 메시지의 정밀도를 극대화할 수 있기 때문이다. 특히 AI는 전자 건강 기록(EHR)을 포함한 방대한 정형 · 비정형 데이터를 하나로 꿰어내어, 의료진과 환자가 개인별 특성에 최적화된 정보를 바탕으로 깊이 있게 대화하도록 이끈다(Adegoke et al., 2024). 이때 개별 평가 결과를 관련 정보와 자동으로 매칭하는 컴퓨터 맞춤화 기술은 피드백 과정을 효율화하는 핵심 동력이 된다. 대표적인 예로 영국의 국민보건서비스(NHS)는 '디지털 중심' 전략을 통해 만성질환 관리에 이 기술을 적극 도입하였다(NHS England, 2019). 시스템이 환자의 혈당이나 혈압 수치를 실시간으로 분석한 뒤, 각자의 임상 상태와 행동 목표에 가장 적합한 맞춤형 권고안과 교육 콘텐츠를 즉각 생성하여 전달하는 방식이다.

나아가 시스템이 정보를 결정하여 제공하는 방식(Personalization)을 넘어, 사용자가 직접 자신의 선호에 맞춰 기능을 설정하는 '사용자 주도 맞춤화(Customization)'가 주목받고 있다. 이러한 접근은 개인의 자율성 욕구와 결합할 때 신체 활동을 더욱 효과적으로 증진시킨다(Bol et al., 2020). 결국 현재의 지능형 맞춤 소통은 시스템의 자동화된 피드백과 사용자의 능동적 선택권이

조화를 이룰 때 비로소 완성된다. 이를 통해 의료진의 직접적인 개입 없이도 환자가 자신의 상태를 정확히 인지하고, 일상에서 건강 행동을 지속하도록 돕는 강력한 중재 도구로 기능하게 된다.

이와 함께 모바일 환경에서의 지속적 관계 관리와 이탈 방지 전략도 요구된다. 맞춤형 중재에서 발생하는 중도 이탈은 소통 내용 자체의 문제보다, 접촉 시점이나 방식이 개인의 일상 맥락과 어긋날 때 주로 발생한다(Bol et al., 2020). AI는 이용 패턴을 분석해 개입 강도를 조절하고 필요에 따라 채널을 전환하는 유연한 운영을 가능케 한다. 일례로 제2형 당뇨 환자를 대상으로 대규모 언어 모델(LLM)을 활용해 환자의 문해력과 행동 변화 기법을 반영한 메시지를 배치함으로써, 개인이 가장 적합한 방식을 선택하고 유지하도록 지원하는 운영 논리가 제시되기도 했다(Harrison et al., 2024).

마지막으로 네트워크와 플랫폼 차원의 확장성 및 형평성이 고려되어야 한다. 맞춤형 소통은 개인 데이터를 넘어 온라인 커뮤니티의 신념 구조와 상호작용 맥락을 반영하는 방향으로 지형을 넓히고 있다. 특히 인공지능 기반의 '추천 시스템'을 소통 인프라에 도입하면, 사용자의 과거 선택 이력이나 선호도를 바탕으로 가장 관련성 높은 정보를 정교하게 선별하여 노출함으로써 정보의 수용성을 극대화할 수 있다. 다만 이 과정에서 건강 형평성 관점은 필수적이다. AI는 시각이나 청각, 혹은 인지 능력이 저하된 이들을 위해 정보의 형태를 음성이나 쉬운 언어로 자동 변환하며 취약 계층의 이해를 도울 수 있다. 하지만 이러한 기술적 보완에도 불구하고 기기 활용 능력에 따른 디지털 격차가 오히려 건강 불평등을 심화할 위험은 여전히 공존한다. 따라서 기술적 자동화에만 의존하기보다 취약 계층을 위한 교육 및 인프라 지원이 병행되는 운영 전략이 뒷받침되어야 한다.

실천적 함의와 향후 과제

AI 기반 개인 맞춤형 건강 소통은 대규모 데이터를 활용한 제작의 효율성과 실시간 정보에 기반한 운영의 유연성이라는 독보적인 혁신성을 지닌다. 특히 대규모 언어 모델(LLM)을 통해 이론적 정교함을 갖춘 메시지 라이브러리를 저비용으로 신속하게 생성할 수 있게 된 점은 실무적 성과로 평가된다. 그러나 이러한 기술적 성취에도 불구하고 정보의 정확성과 최신성, 심층적인 문화적 적합성, 개인정보 보호와 데이터 보안, 그리고 AI가 생성한 정보에 대한 신뢰성 확보는 여전히 해결해야 할 과제로 남아 있다.

향후 건강 소통 분야의 연구와 실천은 네 가지 방향으로 전개되어야 한다. 첫째, 기술적 가능성을 확인하는 단계를 넘어 실제 건강 행동의 변화와 그 지속 효과를 검증하는 현장 중심 평가를 확대해야 한다. 둘째, 맞춤형 설계의 수준은 단순한 정보 제공을 넘어 대상 집단의 심층적인 가치관과 소통 스타일에 부합하도록 고도화되어야 한다. 셋째, 의료진과 보건 실무자, 그리고 지역사회가 기획 단계부터 함께 참여하는 '인간-기계 협업 모델'을 통해 현장의 수용성을 확보해야 한다. 마지막으로, 투명하고 재현 가능한 절차를 기반으로 누구나 믿고 이용할 수 있는 개인 맞춤형 소통 인프라를 구축해야 한다.

종합하면, AI는 개인 맞춤형 소통을 실현할 핵심 동력이지만 그 성패는 기술 그 자체에 있지 않다. 오히려 설계의 정밀함과 운영의 유연성, 철저한 검증, 그리고 윤리적 책임이 얼마나 유기적으로 결합하느냐에 달려 있다.

참고문헌

송하연 외(2020). "인공지능과 헬스 커뮤니케이션". 《언론정보연구》, 57(3), 196~238쪽.

Adegoke, B. O. et al.(2024). Harnessing big data for tailored health communication: A systematic review of impact and

techniques. *International Journal of Biology and Pharmacy Research Updates, 3*(2), pp.1～10.
https://doi.org/10.53430/ijbpru.2024.3.2.0024

Bol, N. et al.(2020). Tailored health communication: Opportunities and challenges in the digital era. *Digital Health, 6*, pp.1～13.
https://doi.org/10.1177/2055207620958913

Harrison, R. M. et al.(2024). Behavioral nudging with generative AI for content development in SMS health care interventions: Case study. *JMIR AI, 3*, e52974.
https://doi.org/10.2196/52974

Lapinski, M. K. et al.(2025). Cultural tailoring and targeting of messages: A systematic literature review. *Health Communication, 40*(5), pp.808～821.
https://doi.org/10.1080/10410236.2024.2369340

NHS England(2019). The NHS long term plan.
https://webarchive.nationalarchives.gov.uk/ukgwa/20230418155402/https:/www.longtermplan.nhs.uk/publication/nhs-long-term-plan/

03
AI 활용 건강 메시지 설계

건강 메시지를 개발하는 데 수개월이 소요되던 시대가 저물고 있다. 이제 인공지능은 방대한 데이터를 실시간으로 읽어내고, 수용자의 특성에 맞춰 메시지를 생성하며, 그 효과를 즉각적으로 검증하는 단계에 이르렀다. 비록 문화적 감수성과 출처의 신뢰라는 숙제가 남아 있으나, AI는 건강 소통의 문법을 역동적으로 혁신하는 동력이 되고 있다.

인공지능과 편향?

건강 소통의 뿌리, 메시지의 힘

건강 소통이 나무라면 메시지는 그 생명력을 결정하는 뿌리와 같다. 효과적인 메시지 설계는 단순한 문구 작성을 넘어 단어의 선택, 내용의 구조, 프레임 설정, 그리고 시각적 형식까지를 아우르는 고도의 전략적 과정이다. 이는 개인의 인식과 태도, 행동의 변화를 넘어 사회적 규범을 형성하고 보건 정책 도입의 근거를 마련하는 강력한 수단이 된다(백혜진 외, 2023). 실제로 우리 사회에는 "담배는 노답, 나는 노담"과 같은 금연 캠페인부터 "마약엔 출구가 없다, No Exit" 등의 마약 예방 구호까지, 대중의 주목을 끌고 행동 변화를 촉진하는 다양한 메시지들이 존재해 왔다. 그러나 전문가와 정부 주도의 기존 제작 방식은 비용과 시간 면에서 효율성이 낮았고, 대중의 실질적인 체감도나 지역사회의 특수한 필요를 세밀하게 반영하기에 역부족이었다. 이러한 지점에서 인공지능은 데이터 기반의 메시지 발굴, 신속한 대량 생성, 그리고 실시간 효과성 평가라는 강점을 통해 기존 방식의 공백을 메우는 새로운 대안으로 부상하고 있다(Hussain et al., 2025).

메시지 설계의 전환점: AI가 만든 살아 있는 캠페인

AI는 이미 광고나 정치 캠페인 등 다양한 설득 커뮤니케이션 영역을 넘어, 건강과 안전을 지키는 공익적 메시지 설계 과정에서도 빠르게 존재감을 드러내고 있다. 이제 메시지는 기획자가 무(無)에서 창조하는 고정된 결과물이 아니다. 오히려 방대한 데이터 속에서 AI가 최적의 요소를 찾아내고, 끊임없이 변주하며, 실험을 통해 검증해 가는 '진화하는 콘텐츠'에 가까워지고 있다.

AI의 진정한 강점은 특정 기능에 매몰되지 않고 설계 과정 전반을 관통하는 유연한 확장성에 있다. AI는 대규모 데이터를 분석해 가장 효과적인 표현을 탐색할 뿐만 아니라, 하나의 메시지를 수만 가지 형태로 변형하며 수용자의 특성에 맞춰 문장 구조와 소구 방식을 세밀하게 조정한다. 나아가 실제 반응 데이터를 기반으로 메시지 효과를 실시간으로 평가하고 즉각 개선하는 순환형 설계가 가능해진다.

미국 펜실베이니아대학교의 연구는 이러한 가능성을 잘 보여 준다. 연구팀은 트위터(X)에 올라오는 HIV 관련 게시글 중 행동을 유도할 가능성이 높은 문구를 AI가 자동으로 선별하도록 설계했다. 온라인 실험 결과, AI가 선택한 메시지는 무작위 메시지보다 더 실질적이고 행동지향적이라는 평가를 받았고, 이어진 현장 실험에서는 미국 내 보건 기관들이 AI가 선별한 메시지를 기존 메시지보다 훨씬 더 자주 활용했다. 이는 AI 메시지가 이론적 수준을 넘어서 실제 캠페인 운영에 적용 가능한 실천적 도구가 될 수 있음을 보여 준다(Chan et al., 2025).

이러한 접근은 HIV 예방뿐 아니라 감염병 대응, 흡연 예방, 비만·영양 관련 행동 변화, 기후위기 대응 등 다양한 사회적 문제로 확장될 수 있다. 즉 AI 기반 메시지는 더 이상 한 번 만들어 게시하는 정적 형식이 아니라, 맥락과 상황에 따라 지속적으로 조정되는 "살아 있는 건강 캠페인"으로 기능할 수 있다.

수백 개 메시지를 단숨에: AI의 생성 능력

AI가 놀라운 속도로 메시지를 생산할 수 있는 배경에는 딥러닝 기반의 대규모 언어 모델(LLM)이 자리 잡고 있다. LLM은 방대한 텍스트 데이터를 학습하며 단어 간의 패턴과 의미적 연결망을 파악하며, 이를 토대로 자연스러운 문장을 생성한다. 이메일 자동완성 기능처럼 단순한 문장 예측을 넘어, AI는 맥락에 부합하는 표현을 즉각적으로 도출해 낸다. 특히 인간의 창의적 직관 대신 데이터 기반의 패턴 학습을 활용함으로써 단시간에 수천 개의 메시지를 대량 생산할 수 있다는 점이 핵심이다(Lim & Schmälzle, 2023).

실제 연구 결과들은 이러한 기술적 가능성을 실증한다. 엽산 복용 캠페인에 GPT-2를 활용한 실험에서 AI가 생성한 메시지는 인간의 것보다 품질과 명확성 면에서 우수하다는 평가를 받았다(Schmälzle & Wilcox, 2022). 또한 GPT-3 기반의 코로나19 백신 메시지가 미국 질병통제예방센터(CDC)의 공식 문구보다 더 설득력 있다는 보고도 존재한다(Karinshak et al., 2023). 그러나 기술적 우수성이 반드시 수용자의 긍정적 반응으로 귀결되지는 않는다. 메시지에 'AI 생성'이라는 출처가 명시될 경우, 신뢰도와 호감도가 오히려 하락하는 역효과가 관찰되었는데, 이는 기술에 대한 심리적 거부감이 여전히 존재함을 시사한다. 문화적 맥락을 정교하게 반영하는 능력 또한 과제로 남아 있다. 일례로 아랍에미리트(UAE) 교통안전 메시지 연구에 따르면, AI 메시지는 현지 표현을 일부 모사했으나 지역 특유의 정서, 속담, 암묵적 문화 코드를 녹여내어 공감을 끌어내는 데는 인간 메시지에 미치지 못했다(Hussain et al., 2025). 이는 서구 중심 데이터로 학습된 AI의 한계를 보여 주며, 향후 메시지의 질적 고도화를 위해 언어학 및 문화 전문가와의 협업이 필수적임을 시사한다.

개인 눈높이에 맞는 맞춤형 메시지

AI의 또 다른 중요한 기능은 메시지를 개별 수용자의 특성에 맞게 재단하는 능력이다. 전통적인 건강 메시지 개발 프로세스는 형성 연구부터 사전 테스트에 이르기까지 상당한 시간이 소요되었다. 반면, AI는 이러한 절차를 획기적으로 단축하는 동시에 개인의 상황, 정보 문해력, 정서 상태, 문화적 배경을 실시간으로 반영한다. 이는 과거의 일방향적이고 일률적인 정보 전달에서 벗어나 개별 수용자에게 최적화된 '맞춤형 건강 소통'을 가능하게 한다.

이러한 가능성은 생성형 AI가 인구통계적 요인과 심리적 상태를 반영해 건강 서사를 생성할 수 있는지를 검증한 연구에서도 확인된다(Chu & Liu, 2025). 해당 연구는 자궁경부암 검진 메시지를 대상으로 일반적 서사는 물론 연령과 민족성을 고려한 맞춤형 전략, 나아가 두려움이나 자기효능감, 혜택 인지와 같은 심리적 단서까지 반영하도록 설계되었다. 분석 결과, AI는 복합적인 조건을 충족하는 메시지를 생성해냈으나 품질과 신뢰성 측면에서는 여전히 인간이 작성한 메시지보다 낮은 평가를 받았다. 주목할 점은 메시지의 효과가 수용자 그룹에 따라 편차를 보였다는 것이다. 연령대가 높거나 암에 대한 공포가 큰 집단, 혹은 검진의 유익성을 이미 인지하고 있는 수용자에게는 AI 메시지가 더욱 설득력 있게 작용했다. 이는 AI 기반 개인화 메시지의 효능이 수용자의 인지적 · 감정적 맥락에 따라 차별적으로 나타남을 시사한다.

의료 현장의 실증 사례도 이와 궤를 같이한다. 비뇨기과와 같이 전문 용어가 빈번한 분야에서 AI는 "중학생 수준으로 쉽게 설명해 달라"는 환자의 요청에 맞춰 정보의 난이도를 즉각 조정할 수 있다. 그러나 환자들은 'AI의 단독 설명'보다는 '의사의 검토를 거친 AI의 설명'을 더 신뢰하는 경향을 보였다(Davis et al., 2023). 이는 AI가 의료진의 전문성을 완전히 대체하기보다는 전문 지식을 대중의 언어로 번역하고 전달하는 보조 기구로 기능할 때 그 효과가 극대화됨을 보여 준다. 결국 AI 기반 개인화 메시지의 성공은 기술적 구현을 넘어, 신뢰 기반의 설계와 전문가의 검증 체계가 얼마나 유기적으로 결합하느냐에 달려 있다.

AI 메시지 설계의 미래: 휴먼 터치와의 조화

AI는 건강 메시지 설계에서 속도와 효율성을 높이며 개인 맞춤형 접근을 가능하게 하는 기술로 자리 잡고 있다. HIV 예방부터 엽산 섭취, 백신 접종, 교통안전 및 만성질환 관리에 이르기까지 다양한 사례들은 AI 생성 메시지가 인간 전문가의 작업물과 대등하거나 때로는 더 높은 설득력을 발휘할 수 있음을 입증한다. AI는 방대한 데이터를 바탕으로 메시지를 신속히 양산하며, 수용자의 맥락에 맞춰 표현을 유연하게 조정함으로써 기존 메시지 개발 방식의 시공간적 한계를 효과적으로 보완하고 있다. 그러나 기술적 진보 이면에 존재하는 과제 역시 분명하다. AI 생성 출처가 밝혀졌을 때 나타나는 신뢰도 저하 문제나 서구 중심의 편향된 학습 데이터가 초래하는 문화적 수용성의 한계는 선결 과제다.

향후 AI 기반 메시지 설계가 실질적인 설득력을 확보하기 위해서는 가시적인 태도 변화를 넘어 실제 행동 변화를 입증하는 장기적 추적 연구가 병행되어야 한다. 또한 생성 과정의 투명성을 높여 기술에 대한 사회적 신뢰를 구축하는 노력이 필수적이다. AI는 인간의 건강 소통 경험을 대체하는 존재가 아니라 이를 정교하게 확장하는 조력자다. 기술적 완성도 위에 사람의 마음을 움직이는 '휴먼 터치'와 전문가의 엄격한 검증 체계가 유기적으로 결합될 때, 건강 소통은 진정한 울림을 전하며 실질적인 사회적 변화를 이끌어낼 수 있을 것이다.

참고문헌

백혜진 외(2023). 《헬스 커뮤니케이션 메시지: 이론과 전망》. 도서출판 지금.

Chan, M.-P. S. et al.(2025). Living health-promotion campaigns for communities in the United States: Decentralized content extraction and sharing through AI. *PNAS Nexus, 4*(6), pgaf171. https://doi.org/10.1093/pnasnexus/pgaf171

Chu, H., & Liu, S.(2025). Generating targeted and tailored health communication narratives with AI. Risk Analysis, 45(11), 3505–3518. https://doi.org/10.1111/risa.70076

Davis, R. et al.(2023). Evaluating the effectiveness of artificial intelligence-powered large language models application in disseminating appropriate and readable health information in urology. *The Journal of Urology, 210*(4), pp.688~694. https://doi.org/10.1097/JU.0000000000003615

Hussain, S. A. et al.(2025). Comparing AI and human-generated health messages in an Arabic cultural context. *Global Health Action, 18*(1), 2464360. https://doi.org/10.1080/16549716.2025.2464360

Karinshak, E. et al.(2023). Working with AI to persuade: Examining a large language model's ability to generate pro-vaccination messages. *Proceedings of the ACM on Human-Computer Interaction, 7*(CSCW1), 116, pp.1~29.

DOI: 10.1145/3579592

Lim, S. & Schmälzle, R.(2023). Artificial intelligence for health message generation: An empirical study using a large language model (LLM) and prompt engineering. *Frontiers in Communication, 8.* https://doi.org/10.3389/fcomm.2023.1129082

Schmälzle, R. & Wilcox, S.(2022). Harnessing artificial intelligence for health message generation: The folic acid message engine. *Journal of Medical Internet Research, 24*(1), e28858. https://doi.org/10.2196/28858

04
AI 활용 건강 중재

국내의 치매 예방 로봇 '실벗' 사례를 비롯하여 챗봇, 모바일 애플리케이션 등 다양한 인공지능 기술이 금연, 만성질환 관리, 정신 건강 등의 영역에서 활용되며 그 효과를 입증하고 있다. AI 건강 중재가 실질적인 성과를 거두기 위해서는 기존에 검증된 건강 소통 이론과 최신 AI 기술을 유기적으로 결합하여 사용자의 참여와 행동 변화를 극대화하는 전략적 접근이 필요하다.

청각장애인과 AI?

치매 예방을 위해 등장한 로봇 친구

한국과학기술연구원(KIST)은 2003년부터 고령화 사회의 핵심 과제인 치매 문제에 대응하기 위해 로봇 개발을 시작했다. 이름하여 '실벗(Silbot)', '실버 세대의 벗'이라는 의미를 담고 있었다. 실벗은 단순히 기계적인 기능을 수행하는 도구가 아니라 노인들의 두뇌 훈련 파트너로 설계되었다. 실벗은 친근한 외형과 대화 능력, 풍부한 표정 변화를 활용하여 노인들이 거부감 없이 게임형 인지 과제에 참여하도록 유도한다. 특히 집단 훈련 환경에서는 적절한 질문 제시와 개별적인 격려 피드백을 통해 훈련의 지속성을 높였으며, 단조로운 문제풀이 위주의 교육을 즐거움과 상호작용이 결합된 능동적 훈련으로 변화시켰다.

2010년 얼굴 및 음성 인식 기능이 공개 시연된 이후, 실벗은 '실벗3' 모델로 고도화되며 상용화 단계에 진입했다. 2014년부터는 전국 치매지원센터와 복지 시설에 보급되어 현장의 노인들과 직접 만나기 시작했다(신희선 · 전치형, 2018). 이러한 진전은 인공지능 로봇이 단순한 정보 제공자의 역할을 넘어, 질병 예방과 기능 유지를 목표로 하는 건강 중재의 도구로서 기능할 수 있음을 시사한다.

로봇을 통한 뇌와 마음 건강의 중재

실벗의 실제적인 중재 효과는 다양한 임상 연구를 통해 증명되었다. 경도 인지장애 노인을 대상으로 무작위 대조 시험(Randomized Controlled Trial, RCT)을 거쳐 6주간 로봇 보조 인지 훈련을 실시한 결과, 참여자들의 전반적인 인지 기능과 기억력, 집행 기능이 향상되었을 뿐만 아니라 우울감까지 유의미하게 감소한 것으로 나타났다(Park et al., 2021). 또한 12주간의 훈련 후 뇌 MRI 영상을 분석한 연구에서는 주목할 만한 변화가 관찰되었다. 인지 기능을 담당하는 전두엽과 기억력에 관여하는 측두엽 피질의 조직이 줄어드는 현상이 억제된 것이다. 아울러 감정을 조절하고 주의를 집중하는 데 핵심적인 역할을 하는 전측 대상피질 부위에서도 뇌세포를 보호하는 효과가 나타났다(Kim et al., 2015). 이는 로봇을 통한 훈련이 단순히 겉으로 보이는 행동의 변화를 넘어, 뇌 구조의 건강을 유지하는 데도 실질적인 도움을 줄 수 있음을 보여 준다.

이러한 로봇 기반 중재의 성과는 세계적인 추세와도 맞닿아 있다. 일본의 치료용 로봇 '파로(Paro)'는 치매 환자의 불안과 공격성을 완화하는 비약물적 중재 도구로 널리 쓰이고 있으며, 미국과 유럽에서는 '페퍼(Pepper)'

나 '나오(NAO)'와 같은 사회적 로봇이 돌봄 제공자의 부담을 덜고 노인의 정서적 웰빙을 개선하는 데 기여하고 있다(Kachouie et al., 2014). 최근에는 고도화된 센서 기술과 AI를 결합하여 사용자의 실시간 신체 및 정서 상태에 따라 개입 수위를 자동 조정하는 통합적 건강 중재 모델로 확장되고 있다.

디지털 건강 중재의 세계적 추세와 확산

세계보건기구(WHO)는 보편적 의료 보장을 달성하기 위한 핵심 전략으로 디지털 건강 중재(Digital Health Interventions, DHI)를 지속적으로 강조해 왔다. DHI는 모바일 기기, 인터넷, 웨어러블 센서 등을 활용하여 보건 서비스를 지원하거나 건강 행동을 촉진하는 체계적 개입을 의미한다(WHO, 2019). 초기 디지털 중재가 문자 메시지나 간단한 웹 페이지를 통한 정보 전달 중심의 e-헬스 및 m-헬스 단계였다면, 최근에는 빅데이터와 AI의 도입으로 그 양상이 완전히 달라졌다.

AI의 도입은 단순한 정보 제공을 넘어 개인별 맞춤형 예측과 실시간 피드백을 가능하게 했다. 특히 자연어 처리와 음성 인식 기술이 비약적으로 발전하면서, 사용자가 실제 상담사와 대화하는 듯한 경험을 제공하는 AI 챗봇이 건강 중재의 전면에 등장했다(Kurniawan et al., 2024). 이러한 진화는 디지털 건강 중재가 일방향적인 정보 전달 체계에서 참여와 상호작용 중심의 능동적 건강 중재자로 자리매김 했음을 보여 준다.

AI 건강 중재의 효과와 적용 사례

최근의 연구들은 인공지능(AI)이 다양한 건강 중재에 적용되며 실질적인 효과를 거두고 있음을 입증하고 있다. 미국, 일본, 인도, 한국 등 13개국에서 수행된 AI 기반 건강 중재 연구를 체계적으로 고찰한 연구(Weingott & Parkinson, 2025)에 따르면, 연구 대상은 아동부터 노인까지 폭넓게 분포되어 있었다. 참여자 규모 또한 수십 명 단위의 소규모 연구부터 수백만 명에 이르는 대규모 사례까지 다양했으며, 연구 설계 역시 무작위 대조 시험과 같은 엄격한 임상 연구부터 관찰 및 사례 연구에 이르기까지 다채로운 양상을 보였다.

분석된 AI 도구들은 사용자의 건강 상태와 개인 특성에 최적화된 맞춤형 대화 및 피드백을 제공하고, 친근한 상호작용을 반복함으로써 사용자의 지속적인 참여를 유도했다. 구체적으로 체중 관리 앱이나 금연 챗봇은 개인의 상황에 맞춘 정보를 실시간으로 제공하며 실질적인 행동 변화를 독려하는 방식으로 작동했다. 이 과정에서 자연어 처리 기술은 사용자의 언어를 맥락적으로 이해하여 공감 중심의 대화를 가능하게 했으며, 머신러닝은 방대한 데이터를 분석해 초개인화된 건강 전략을 도출하는 데 기여했다. 연구에서 다루어진 건강 영역은 당뇨병 및 비만 관리, 금연, 만성질환 관리를 넘어 우울 · 불안과 같은 정신 건강 문제까지 폭넓게 포괄했다. 특히 이 연구에서는 사용자 참여가 AI 중재의 성공을 결정짓는 핵심 요인임을 강조하며, 목표 설정, 맞춤형 메시지 구성, 내러티브 스토리텔링 등 다양한 소통 기법이 실제 행동 변화로 이어지는 동력이 되었음을 밝혔다.

또 다른 체계적 문헌 고찰에 따르면 AI 챗봇의 활용 영역은 기존의 정신 건강 중심에서 운동, 식습관, 체중 관리 등 신체 건강 전반으로 확장되는 추세다(Aggarwal et al., 2023). 총 15편의 연구를 분석한 결과, AI 챗봇은 건강한 생활 습관 증진(40%), 금연(27%), 치료 및 복약 순응도 향상(13%), 약물 오남용 감소(7%) 등에서 유의미한 효과를 나타냈다. 주목할 점은 목표 설정이나 행동 추적, 강화 피드백과 같은 '행동 변화 이론'에 기반한 전략을 적용했을 때 사용자의 동기 부여가 비약적으로 향상되었다는 것이다. 또한 단순히 규칙에 기반한 대화보다는 개인화된 대화와 공감적 반응을 제공하는 시스템이 지속적인 참여를 유도하는 데 훨씬 효과적이었다. 특히 정신 건강이나 청소년 문제처럼 민감한 사안을 다룰 때, 사용자가 사람보다 챗봇을 대면할 때 더욱 편안하게 감정을 표현한다는 사실은 AI 중재만의 독특한 강점으로 분석되었다.

만성질환 관리에 초점을 맞춘 체계적 문헌 고찰 연구(Kurniawan et al., 2024) 또한 AI 기반 중재의 가능성을 확인해 주고 있다. 건강 교육, 행동 변화 이론, 스트레스 관리, 인지 행동 치료 등을 결합한 8편의 AI 중재 프로그램을 분석한 결과, 신체 기능 향상, 생활 습관 개선, 사회심리적 웰빙 증진 및 통증 관리 등 다각적인 영역에서 긍정적인 효과가 나타났다. 일부 사례에서는 AI 중재가 의료 전문가의 직접적인 개입과 대등한 성과를 거두기도 했다. 기술적 측면에서는 자연어 처리(NLP)와 다중 모달 상호작용, 그리고 사전에 정의된 흐름을 따르는 프레임 기반 대화 관리 방식이 주로 활용되었다. 반면, 복잡한 자율 대화가 가능한 에이전트 기반 접근법은 아직 도입 단계에 머물러 있었다. 연구자들은 AI 챗봇이 의료진을 대체하기보다 접근성과 참여도를 높이는 보완적 동반자로서 의료 서비스의 효율성을 제고할 것이라고 평가하면서도, 알고리즘의 편향성과 데이터 보안 등 잠재적 위험에 대한 엄격한 관리의 필요성을 역설했다.

종합하면, AI 기반 건강 중재는 생활 습관 형성부터 만성질환 관리, 정신 건강 증진에 이르기까지 공중 보건의 다양한 지평에서 그 효과를 입증하고 있다. 특히 수용자 맞춤형 피드백과 심리적 몰입을 이끄는 높은 참여도를 확보했을 때 그 성과가 더욱 두드러졌으며, 이는 향후 AI 건강 중재 설계가 나아가야 할 핵심적 지향점을 시사한다.

건강 소통 이론과 AI의 접목

AI 건강 중재의 효과를 다룬 다양한 연구들은 공통적으로 행동 변화 이론과의 접목이 개입 성과를 극대화한다는 점을 시사한다. 인지 행동 치료, 동기 강화 면담, 사회인지 이론 등 검증된 심리학적 모델을 기반으로 설계된 챗봇은 명확한 목표 설정, 정교한 행동 추적, 실시간 피드백을 통해 사용자의 내적 동기를 강화하고 긍정적인 행동 변화를 유도한다(Aggarwal et al., 2023). 특히 단순히 정해진 시나리오를 따르는 규칙 기반 시스템보다, 머신러닝과 자연어 처리를 활용해 개인의 상황과 맥락을 능동적으로 반영하는 대화형 AI가 더 높은 효과를 보였다. 여기에 내러티브와 캐릭터의 활용, 지속적인 상호작용을 통한 몰입감 증진은 장기적인 참여를 이끌어내는 결정적 기제로 작용한다.

이러한 학술적 시사점을 체계화하여 제안된 모델이 바로 AI 영향 커뮤니케이션 모델(AI Impact Communi- cations Model, AI-ICM)이다(Weingott & Parkinson, 2025). AI-ICM은 효과적인 건강 중재를 위한 네 가지 핵심 축을 제시한다. 우선 행동 변화 이론을 설계의 근간으로 삼아 개입의 이론적 타당성을 확보하며, 머신러닝을 기반으로 사용자의 인구통계학적 · 문화적 맥락에 최적화된 맞춤형 메시지를 생성한다. 또한 내러티브 중심의 대화 설계를 통해 심리적 몰입이 가능한 사용자 경험을 구축하고, 모바일 앱 · SNS · 웹 등 다양한 경로를 통합하는 옴니채널 전략으로 메시지의 도달률과 일관성을 극대화한다. 이 모델은 건강 소통 분야의 풍부한 이론적 자산이 최신 기술과 결합될 때 비로소 강력한 중재 성과가 발생함을 이론적으로 뒷받침한다.

AI, 건강 중재의 동반자로

실벗(Sil-bot) 등의 사례에서 확인되듯, 인공지능 기반의 로봇과 챗봇은 이미 일상적 건강관리의 실무적 파트너로 기능하고 있다. 기술의 진보는 건강 중재의 패러다임을 단편적인 정보 제공에서 수용자 맞춤형 상호작용과 초개인화된 지능형 케어 체계로 전환시켰다.

이 과정에서 AI는 의료 전문가의 역할을 대체하기보다 그들의 전문 역량을 정교하게 확장하고 보완하는 기술적 기반을 제공한다. 결과적으로 AI는 의료 서비스의 진입 장벽을 낮추어 보건 복지의 사각지대를 해소하고, 대중에게 보편적이며 접근 가능한 건강 서비스를 전달하는 핵심 기제로 작용할 전망이다. 기술적 정밀함과 전문가의 검증이 결합된 AI 건강 중재는 향후 공중 보건의 효율성을 제고하는 데 크게 기여할 것이다.

참고문헌

신희선·전치형(2018). "노인과 로봇은 어떻게 만나는가: 상호작용의 조건과 매개자의 역할". 《과학기술학연구》, 18(2), 135~179쪽.

Aggarwal, A. et al.(2023). Artificial intelligence–based chatbots for promoting health behavioral changes: Systematic review. *Journal of Medical Internet Research, 25*, e40789. https://doi.org/10.2196/40789

Free, C. et al.(2013). The effectiveness of mobile-health technology-based health behaviour change or disease management interventions for health care consumers: A systematic review. *PLOS Medicine, 10*(1), e1001362. https://doi.org/10.1371/journal.pmed.1001362

Kachouie, R. et al.(2014). Socially assistive robots in elderly care: A mixed-method systematic literature review. *International Journal of Human-Computer Interaction, 30*(5), pp.369~393. https://doi.org/10.1080/10447318.2013.873278

Kim, G. H. et al.(2015). Structural brain changes after traditional and robot-assisted multi-domain cognitive training in community-dwelling healthy elderly. *PLOS ONE, 10*(4), e0123251. https://doi.org/10.1371/journal.pone.0123251

Kurniawan, M. H. et al.(2024). A systematic review of artificial intelligence-powered chatbot intervention for managing chronic illness. *Annals of Medicine, 56*(1), 2302980. https://doi.org/10.1080/07853890.2024.2302980

Park, E.-A. et al.(2021). The humanoid robot Sil-Bot in a cognitive training program for community-dwelling elderly people with mild cognitive impairment during the COVID-19 pandemic: A randomized controlled trial. *International Journal of Environmental Research and Public Health, 18*(15), 8198. https://doi.org/10.3390/ijerph18158198

Weingott, S. & Parkinson, J.(2025). The application of artificial intelligence in health communication development: A scoping review. *Health Marketing Quarterly, 42*(1), pp.67~109. https://doi.org/10.1080/07359683.2024.2422206

World Health Organization(WHO, 2019). WHO guideline: Recommendations on digital interventions for health system strengthening.

05

AI 건강 에이전트

AI 건강 에이전트는 체력 검사, 질환 진단, 만성질환 관리, 심리 상담 등 다양한 헬스케어 분야에서 폭넓게 활용되고 있다. 몰리, 나오, 소피, 우봇 등의 사례는 AI가 실시간 데이터 분석과 맞춤형 피드백을 통해 건강 행동 변화를 유도하고 정서적 지원을 제공할 수 있음을 보여 준다. 앞으로 활용 범위는 더욱 확대되겠지만, 개인정보 보호와 알고리즘 편향 등 윤리적 고려가 병행되어야 한다.

AI 콘텐츠 크리에이터?

평범한 일상을 바꾸는 AI 건강 비서

인천의 한 중학교 체육관. 학생들이 발목에 작은 센서를 착용한 채 트레드밀 위를 천천히 걷기 시작한다. 단 1분간의 보행만으로도 AI 건강 에이전트는 실시간 데이터를 분석하여 학생들의 균형 감각, 유연성, 심폐 지구력, 근기능 등을 종합적으로 평가한다. 10만 명 이상의 보행 데이터를 학습한 딥러닝 알고리즘은 단순히 점수를 산출하는 수준을 넘어, 학생 개개인의 신체 특성과 취약점을 시각적으로 제시한다. 학생들은 이러한 객관적 피드백을 통해 자신의 신체 상태를 명확히 인지하고 생활 습관 개선을 위한 실질적인 동기를 부여받는다(송성환, 2023.11.9).

AI 건강 에이전트의 역할은 체력 관리에 국한되지 않는다. 최근 급식 조리 노동자를 대상으로 한 폐질환 전수조사에는 인공지능 영상 분석 기술이 도입되어 CT 영상을 1차로 분석하고 의심 소견을 선별하는 방식으로 운용되었다. 이러한 진단 보조 에이전트는 진단 속도를 획기적으로 단축시켰을 뿐 아니라 탐지의 정확성까지 높여, 의료진이 복잡한 데이터 판독에 쏟던 에너지를 환자와 깊이 있는 상담과 정서적 교감에 더 집중할 수 있도록 돕는 조력자 역할을 수행한다(송성환, 2023.11.9). 이처럼

AI 건강 에이전트는 학생들의 체력 관리에서부터 직업성 질환의 조기 발견까지 다양한 영역에서 사람들의 건강을 관리하는 새로운 디지털 파트너로 자리 잡아가고 있다

대화하는 인공지능, 디지털 건강 비서의 탄생

에이전트란 사람과 상호작용하며 자율성을 지니고 특정 기능을 수행하는 물리적 또는 가상적 존재를 의미한다. 이는 크게 시각적 실체 유무와 신체적 구현 방식에 따라 구현형(Embodied)과 비구현형(Disembodied) 에이전트로 구분된다(이예진 외, 2025). 구현형 에이전트는 가상 인간이나 아바타처럼 스크린 속에서 시각적 형상을 갖추거나, 휴머노이드 로봇과 같이 물리적 실체로 존재하는 부류를 모두 포괄한다. 이들은 인간과 유사한 외형, 표정, 제스처를 통해 '사회적 실재감(Social Presence)'을 형성하며, 사용자로 하여금 실제 파트너와 대화하는 듯한 심리적 온기와 유대감을 느끼게 한다. 대표적인 사례로는 인지 훈련을 돕는 로봇 실벗(Silbot)이나 가상 간호사 아바타를 활용한 바빌론 헬스 등이 있으며, 이들은 주로 정서적 지지와 지속적인 몰입이 필요한 재활 및 상담 영역에서 강점을 보인다.

반면 비구현형 에이전트는 별도의 시각적 형체 없이 텍스트나 음성 인터페이스만을 통해 상호작용하는 시스템을 의미한다. 이는 채팅창을 통해 문자로 소통하는 비시각적 챗봇과 오직 청각적 요소로만 대화하는 보이스 에이전트로 나뉜다. 애플의 시리(Siri)나 오픈AI의 ChatGPT가 대표적인 예이며, 헬스케어 분야에서는 익명성과 접근성을 극대화한 심리 상담 챗봇 우봇(Woebot)이 널리 알려져 있다. 비구현형 에이전트는 시각적 화려함보다는 정보 전달의 효율성과 즉각적인 피드백에 최적화되어 있어, 사용자가 민감한 건강 문제를 상담하거나 방대한 의학 정보를 탐색할 때 심리적 진입장벽을 낮추는 역할을 수행한다.

관련 연구에 따르면 구현형 에이전트는 비구현형에 비해 사용자의 참여도, 신뢰감, 정보 이해도 측면에서 더 높은 성과를 보이는 경향이 있다(Provoost et al., 2017). 이는 에이전트가 제공하는 시각적 · 비언어적 단서들이 메시지의 수용성을 높이는 소통의 촉매제로 작용하기 때문이다. 결과적으로 이러한 에이전트들은 사용자의 특성과 선호에 맞춰 고유한 페르소나를 구축하거나 최적화함으로써, 단순한 정보 제공자를 넘어 개인화된 디지털 건강 비서로서의 경험을 극대화하고 있다.

AI 건강 에이전트의 실전 무대

AI 건강 에이전트는 더 이상 이론적 수준의 논의에 머무르지 않고, 실제 헬스케어 현장에서 가상 아바타, 사회적 로봇, 대화형 챗봇 등 다양한 형태로 구현되어 활용되고 있다. 이러한 에이전트들은 공통적으로 건강 모니터링, 행동 변화 유도, 의료 인력 보완과 같은 핵심 역할을 수행하며 기술과 사용자 사이의 간극을 메운다.

먼저 임상 관리 영역에서 AI 건강 에이전트는 만성질환자의 일상적 건강관리를 지원한다. 센슬리(Sensely)가 개발한 3D 가상 간호사 아바타 몰리(Molly)는 전형적인 시각적 구현형 에이전트로, 심부전 환자의 체중, 호흡, 정서 상태 등 일상 데이터를 분석하여 이상 징후를 조기에 감지한다. 원격 의료 시스템에 통합된 몰리를 대상으로 수행된 연구에 따르면, 환자들은 아바타와의 상호작용에 대해 높은 사용성과 만족도를 보였으며, 이는 구현형 에이전트가 제공하는 시각적 피드백이 환자의 자가 관리 순응도를 높이는 데 기여함을 시사한다 (Gingele et al., 2023).

돌봄과 인지 재활 영역에서 로봇 형태의 AI 에이전트는 실무적 보조자로서 그 효용성을 입증하고 있다. 대표적인 휴머노이드 로봇 나오(NAO)는 노인 요양 시설 및 주간 보호 환경에서 사회적 보조자로 활용되며 치매 환자의 심리 증상 관리에 투입되었다. 관련 연구(Soler et al., 2015)에 따르면, 나오와 반려(동물형) 로봇 파로(PARO)를 활용한 중재는 치매 환자의 대표적인 신경정신과적 증상인 무감동(Apathy)을 유의미하게 개선하는 성과를 거두었다. 특히 주간 보호 센터의 환자들을 대상으로 한 실험에서 나오와의 상호작용은 과민성 및 전체적인 정신 증상 점수를 호전시키는 결과를 나타냈다. 이러한 결과는 비록 로봇 유형 간의 효과 차이가 통계적으로 두드러지지 않았더라도, 에이전트의 외형적 특성보다는 상호작용 그 자체가 환자의 정서적 상태에 긍정적인 기여를 이끌어내는 핵심 동인이 될 수 있음을 시사한다. 즉, 로봇 형태의 AI 에이전트는 단순한 정보 전달의 기능을 넘어, 수용자에게 '함께 있음'이라는 정서적 자극과 사회적 실재감을 제공함으로써 고립감을 해소하는 소통의 주체가 될 수 있다.

또한 AI 에이전트의 소통 역량은 환자뿐만 아니라 의료 전문가를 교육하는 데에도 활용된다. 미국 로체스터 대학의 소피(Sophie)는 말기 암 환자와의 의사소통 훈련을 위해 설계된 가상 표준 환자 아바타로, 실제 환자와 의사 사이의 대화 데이터를 기반으로 응답 패턴이 구축되었다. 소피를 활용해 시뮬레이션 훈련을 받은 의사들은 공감 능력과 표현의 명료성이 크게 향상된 것으로 나타났다. 이는 AI 에이전트와의 반복적인 소통 경험이 의료진으로 하여금 실제 임상 현장에서 환자 중심의 소통을 실천하게 만드는 교육적 토대가 됨을 시사한다(Ali et al., 2023).

행동 변화와 건강 코칭 영역에서도 AI 에이전트의 효과는 반복적으로 검증되어 왔다. 구현형 가상 코치를 활용한 마음챙김 명상 훈련 연구에서는, AI 코치 기반 훈련이 오디오나 텍스트 중심의 자기 주도 학습보다 명상 습관 형성과 자기효능감 향상에 더 효과적인 것으로 나타났다(Hudlicka, 2013). 또한 자동화된 건강 상담 에이전트를 활용한 무작위 대조 실험에서는 신체 활동 증가와 식습관 개선이라는 구체적인 행동 변화가 확인되었으며(Bickmore et al., 2013), 비구현형 에이전트인 인지 행동 치료 기반 챗봇 '우봇(Woebot)'은 단기간의 사용만으로도 우울 증상 감소와 스트레스 완화라는 임상적 성과를 보고하였다(Fitzpatrick et al., 2017).

국내에서도 고령자를 대상으로 한 대화형 AI 에이전트 연구가 진행되고 있다. 박중신 외(2019)는 고령자의 일상 대화 활성화를 위해 가정 방문 관찰 연구를 수행하고, 에이전트의 전략이 사용자의 참여도와 자율성 지지에 미치는 영향을 분석하였다. 연구진은 에이전트가 먼저 대화를 유도하는 상황과 사용자의 답변을 기다리는 상황을 대조하여 상호작용 양상을 관찰하였으며, 이를 통해 고령자 친화적 대화 설계를 위한 6가지 핵심 가이드라인을 도출하였다. 이러한 설계 원칙이 적용된 메신저 기반 에이전트 '새미(Sammy)'는 고령 사용자가 스스로 대화를 이어가려는 의지를 유지하며 능동적으로 소통할 수 있음을 입증하였다. 본 연구는 AI 에이전트가 고령자의 고립을 방지하는 파트너로 기능하기 위해, 단순 정보 전달을 넘어 사용자가 자연스럽게 말을 시작하고 대화를 지속하도록 돕는 전략적 설계가 필수적임을 시사한다.

이상의 연구 사례들은 AI 건강 에이전트가 질병 예방과 진단 보조부터 중재, 행동 변화 촉진, 의료 인력 교육에 이르기까지 헬스케어 전반에서 실질적인 역할을 수행하고 있음을 실증한다. 나아가 에이전트의 구현 방식과 메시지 설계, 상호작용 전략은 물론 타깃 집단의 수용성과 참여 수준에 따라 중재 효과가 차별화될 수 있음을 시사한다. 따라서 개별 사용자의 맥락에 최적화된 소통 요인을 규명하고 이를 정교하게 설계하려는 시도는 향후 AI 건강 중재 연구의 핵심적인 과제가 될 것이다.

AI 건강 비서의 미래와 전망

AI 건강 에이전트는 이미 의료 및 보건 전반에서 실질적인 중재 도구로 기능하고 있으며, 향후 기술적 고도화에 따라 그 잠재력은 더욱 확대될 전망이다. 특히 활동량, 수면 패턴, 식습관 등 다양한 일상의 기록(Life-log)을 실시간으로 분석하여 최적의 시점에 개인화된 피드백을 제공하는 '초밀착형 건강 소통'이 가능해질 것이다.

나아가 표정과 음성 등 비언어적 단서를 갖춘 구현형 에이전트는 사용자와 정서적으로 교감하는 방향으로 진화할 것으로 보인다. 이는 세밀한 감정 케어가 필요한 정신 건강 상담, 노인 돌봄, 만성질환 관리 분야에서 공감 능력을 갖춘 아바타나 로봇에 대한 수요 증가로 이어질 것이다. 특히 음성, 이미지, 제스처 등 다중 감각 신호를 동시에 처리하는 다중 모달 상호작용 기술은 인간과 AI 사이의 소통을 실제 사람과의 대화에 가까운 자연스러운 경험으로 격상시킬 것으로 기대된다.

그러나 이러한 기술적 진보와 비례하여 해결해야 할 과제 또한 산적해 있다. 개인정보의 철저한 보호와 알고리즘의 편향성 해소, 그리고 인공지능 의사 결정 과정의 투명성 확보는 기술에 대한 사회적 신뢰를 구축하기 위한 필수적인 선결 조건이다. 결론적으로 AI 건강 에이전트가 지속 가능한 건강 파트너로 자리 잡기 위해서는 기술의 정교화뿐만 아니라 법적·제도적 장치의 마련, 그리고 인간 전문가와의 효율적인 역할 분담에 대한 사회적 합의가 병행되어야 할 것이다.

참고문헌

박중신 외(2019). "고령자를 위한 대화형 에이전트의 디자인 전략: 자기결정이론을 기반으로 한 디자인 요소 탐색을 위한 필드 연구". 《디지털콘텐츠학회논문지》, 20(5), 891~905쪽.

송성환(2023.11.9). ""1분만 걸으면 체력검사 끝"… AI 헬스케어 급성장 [인공지능 기획 12편]". EBS NEWS. https://home.ebs.co.kr/ebsnews/menu2/newsVodView/noon/60413620/H?eduNewsYn

이예진 외(2025). "헬스케어에서의 분할 페르소나 효과: 에이전트의 역할을 중심으로". 《헬스커뮤니케이션연구》, 24(2), 145~175쪽.

Ali, M. R. et al.(2023). Novel computational linguistic measures, dialogue system and the development of SOPHIE: Standardized online patient for healthcare interaction education. *IEEE Transactions on Affective Computing, 14*(1), pp.223~235. https://doi.org/10.1109/TAFFC.2021.3054717

Bickmore, T. W. et al.(2013). Automated interventions for multiple health behaviors using conversational agents. *Patient Education and Counseling, 92*(2), pp.142~148. https://doi.org/10.1016/j.pec.2013.05.011

Fitzpatrick, K. K. et al.(2017). Delivering cognitive behavior therapy to young adults with symptoms of depression and anxiety using a fully automated conversational agent (Woebot): A randomized controlled trial. *JMIR Mental Health, 4*(2), e19. https://doi.org/10.2196/mental.7785

Gingele, A. J. et al.(2023). Integrating avatar technology into a telemedicine application in heart failure patients. Wiener *Klinische Wochenschrift, 135*(23~24), pp.680~684. https://doi.org/10.1007/s00508-022-02150-8

Hudlicka, E.(2013). Virtual training and coaching of health behavior: Example from mindfulness meditation training. *Patient Education and Counseling, 92*(2), pp.160~166.

Provoost, S. et al.(2017). Embodied conversational agents in clinical psychology: A scoping review. *Journal of Medical Internet Research, 19*(5), e151. https://doi: 10.2196/jmir.6553

Soler, M. V. et al.(2015). Social robots in advanced dementia. *Frontiers in Aging Neuroscience, 7.* https://doi.org/10.3389/fnagi.2015.00133

06
AI와 보건 위기 소통

오정보가 팬데믹만큼 빠르게 퍼지는 보건 위기 상황에서 AI는 사회 청취, 챗봇, 실시간 데이터 분석을 통해 위기 소통의 속도와 범위를 확장한다. 이 장은 AI가 어떻게 인간의 신뢰 형성 역량을 보완하며, 다음 팬데믹을 대비한 새로운 보건 위기 소통의 핵심 인프라로 자리 잡는지 그 구조적 변화와 조건을 조명한다.

AI와 민주주의?

코로나19, 그 때 우리는 이렇게 소통했다

코로나19는 감염병 자체만이 아니라 '소통의 방식'까지 팬데믹 상태로 만들었다. 바이러스가 번지는 속도만큼이나 정보가 확산되었고, 시민들은 매일 달라지는 지침과 수치, 온라인에 떠도는 소문 사이에서 무엇을 믿고 어떻게 행동해야 하는지를 끊임없이 자문해야 했다. 질병관리청이 2025년 발간한 "코로나19 소통의 기록"은 이러한 과정을 현장 담당자의 심층 인터뷰로 복원하며, 팬데믹을 견뎌낸 경험이 단일한 메시지의 성과가 아니라 정례·특집 브리핑, 1339 콜센터, 인포데믹 대응, 민관 협업 캠페인이 동시에 맞물려 작동한 결과였음을 보여 준다(질병관리청, 2025).

매일 같은 시간에 최신 정보를 전달한 정례 브리핑은 정부가 정보를 투명하게 공개한다는 신호를 반복적으로 제공했고, 콜센터는 대중의 공포와 불안을 위기 대응 체계 안으로 수용하여 완충하는 역할을 했다. 하지만 이러한 인간 중심의 대응 시스템은 물리적 한계에 부딪힐 수밖에 없었다. 여기서 중요한 지점은 신뢰는 사람과 제도가 오랜 시간 공을 들여 축적해야 하는 반면, 오정보는 디지털 환경을 타고 단숨에 증폭된다는 '시간과 규모의 비대칭성'에 있다. 이러한 시간차는 팬데믹 소통의 가장 취약한 지점이었으며, 코로나19는 다음 위기에서 이 격차를 어떻게 줄일 것인가라는 근본적인 질문을 남겼다. 인공지능(AI)은 그 해답의 하나가 될 수 있을까.

코로나19가 준 보건 위기 소통의 교훈

코로나19 팬데믹은 보건 위기 소통이 단순한 정보 전달을 넘어, 정보-신뢰-행동을 하나의 연쇄로 설계해야 하는 정교한 공중 보건 개입임을 일깨워 주었다. 위기 상황에서 시민에게 필요한 것은 파편화된 사실의 나열이 아니라, 불확실성 속에서도 상황을 총체적으로 이해하고 즉각 행동하게 만드는 맥락 있는 설명과 지침이다(백혜진, 2022). 그러나 팬데믹 기간 중 과학적 지식과 정책 권고는 긴박하게 갱신되었고, 이러한 변동성은 종종 시민의 이해를 돕기보다 혼란을 가중하는 결과를 초래했다.

세계보건기구(WHO) 사무총장이 "우리는 전염병과 동시에 인포데믹과도 싸우고 있다"고 천명한 것은, 허위 정보와 정보 과잉이 공중 보건 대응을 저해하는 실질적인 위협 요인임을 대외적으로 공식화한 상징적 선언이었다. 실제로 코로나19 초기 전 세계 87개국에서 수집된 인포데믹 사례 중 약 89%가 단순 루머였으며, "빌 게이츠가 백신 접종을 통해 사람의 몸에 생체 정보를 추적하는 마이크로칩을 이식하려 한다"와 같은 황당한 음모론과 가짜 퇴치법은 방역 당국에 대한 불신을 넘어 치명적인 결과로 이어졌다. 한 연구에 따르면 2020년 상반기에만 오정보로 인해 약 6000명이 입원하고 800여 명이 사망했으며, 특히 치료 목적으로 메탄올을 마시고 실명하거나 집단 사망하는 비극이 발생하기도 했다. 이처럼 인포데믹은 단순한 정보 왜곡을 넘어 백신 거부와 같은 위험 행동을 유발하며 국민 건강에 심각한 사회적 비용을 초래하고 있다(백혜진, 2022).

또 하나의 중요한 교훈은 위기 소통 원칙과 현실 적용 사이의 간극이다. 보건 당국은 '신속 · 정확 · 투명 · 공감 · 신뢰'라는 원칙을 견지해 왔으나, 고도의 불확실성 속에서 신속성과 정확성을 동시에 달성하기란 구조적으로 매우 어려웠다. 과학적 근거가 수정됨에 따라 메시지 변화는 불가피했고, 이 과정에서 충분한 소통 경험과 훈련이 뒷받침되지 못한 경우 투명성을 의도한 메시지조차 오히려 오해를 증폭시키기도 했다. 이러한 경험은 다음 팬데믹 대비의 핵심이 단순히 발표 빈도를 늘리는 데 있지 않음을 시사한다. 인간 중심의 전통적 소통 체계만으로는 디지털 환경의 방대한 정보 속도와 규모를 온전히 감당하기 어렵다는 한계가 명확히 드러났기 때문이다.

AI 시대의 보건 위기 소통, 이렇게 달라진다

보건 위기 상황에서 AI의 가치는 단순한 기술적 대체를 넘어, 국가 대응 체계가 수용자의 일상에 24시간 빈틈없이 닿을 수 있도록 하는 '소통 가용성'의 획기적 증대에 있다. 팬데믹 동안 시민들은 정보 습득을 위해 공식 홈페이지를 방문하기보다 메시징 앱과 소셜 미디어를 주된 창구로 활용했다. 이에 대응하여 세계보건기구(WHO)는 왓츠앱(WhatsApp) 기반의 'Health Alert' 서비스를 출범시켜 전 세계 20억 명 이상의 사용자에게 공신력 있는 정보를 실시간으로 제공했다. 이는 정보 전달의 물리적 한계를 극복하고 대규모 도달과 저비용 운영이라는 시스템적 소통 혁신을 보여 준 사례다(Walwema, 2021).

AI 도입에 따른 결정적 변화는 인포데믹 관리의 정교화에서 두드러진다. WHO는 감시, 신호 탐지, 개입, 평가로 이어지는 폐회로(Closed-loop) 관리 체계를 제안하며, 기술적 개입이 단순한 도구를 넘어 공중 보건의 핵심 전략으로서 기능해야 함을 명시했다(Calleja et al., 2021). 특히 최근의 대규모 언어 모델(LLM)과 다중 에이전트 설계는 복잡한 위기 상황에서 개인의 정서적 맥락까지 고려한 상호작용을 가능하게 함으로써, 보건 소통의 심리적 문턱과 접근성을 획기적으로 개선하고 있다

(Sezgin & Kocaballi, 2025).

최근 주목받는 '전문가 소싱 기반의 AI 프레임워크'는 이러한 접근성과 신뢰의 문제를 동시에 해결하려는 시도다. 인공지능 챗봇 제니퍼(Jennifer)의 사례는 전 세계 150명 이상의 보건 전문가가 협업하여 구축한 데이터세트를 기반으로 AI가 구동될 때, 단순 자동화를 넘어 전문 지식과 대중을 연결하는 신뢰할 수 있는 소통 인프라가 될 수 있음을 입증했다(Xiao et al., 2023). 이는 AI 챗봇이 기술적 성능을 넘어 콘텐츠의 품질과 제공 기관의 공신력을 바탕으로 사용자 수용성을 확보해야 한다는 기존 연구 결과들과 궤를 같이한다(White et al., 2022).

AI를 활용한 인포데믹 대응: 기회와 도전

AI는 오정보를 자동으로 제거하는 필터가 아니라 위기 소통의 고질적 한계인 속도와 규모, 피드백의 한계를 보완하는 운영 인프라로 작동해야 한다. 기회 측면에서 볼 때, AI 기반 사회 청취(Social Listening)는 온라인 담론의 미세한 변화를 '디지털 신호'로 포착하여 정보 공백이나 오해가 급증하는 지점을 조기에 식별한다(Cianciulli et al., 2025). 또한 대규모 언어 모델은 언어 장벽과 건강 문해력의 격차를 낮추며, 자원이 취약한 환경에서도 개인화된 보건 지침을 즉각적으로 제공할 수 있는 소통의 잠재력을 가진다(Sezgin & Kocaballi, 2025).

그러나 이러한 기술적 기회는 그에 걸맞은 정책적 · 윤리적 관리 체계의 확립이라는 과제를 안겨 준다. 보건 위기 시 가장 치명적인 리스크는 AI의 부정확한 답변이 공적 신뢰를 훼손할 때 발생한다. 챗봇의 사용자 경험(UX)에 관한 문헌 고찰 연구에서는 사용자가 답변의 품질을 제공 기관의 신뢰도와 직결시키며, 출처가 불분명한 시스템은 의심의 대상이 됨을 경고한다(White et al., 2022). 또한 오정보 대응 기술이 고소득 국가와 특정 플랫폼에 편중되어 있어 취약 집단을 위한 개입이 부족하다는 형평성의 문제도 제기되고 있다(Cianciulli et al., 2025).

결국 인포데믹 대응의 실효성은 AI 도입 그 자체가 아니라 '책임 있는 설계'에 있다. 데이터 수집의 기준, 오류 발생 시의 책임 소재, 그리고 독립적인 검증 체계에 대한 선행 논의가 없다면 기술은 오히려 불신을 가속할 수 있다. AI는 인포데믹을 완벽하게 차단할 수 있는 기술적 해법이라기보다 신뢰라는 토대 위에서 위기 소통 체계의 외연을 넓히고 기동성을 높이는 전략적 인프라로 정의되어야 한다.

사람의 신뢰와 AI의 속도를 결합하다

위기 소통의 성패는 결국 대중의 신뢰에 달려 있지만, 불행히도 오정보가 확산되는 속도는 신뢰가 구축되는 속도를 압도한다. 따라서 향후의 전략은 인간 고유의 신뢰 형성 역량에 AI의 압도적인 전파 속도를 결합한 '상호 보완적 대응 체계'를 확립하는 것이다. 이를 위해 기존의 '신속 · 정확 · 투명 · 공감 · 신뢰'라는 전통적 원칙은 AI 환경에 발맞춰 접근성, 신뢰성, 형평성, 책임성이라는 실천적 기준으로 재편되어야 한다.

먼저 접근성은 필요한 정보를 적시적소에 이해 가능한 방식으로 전달하는 능력이며, 이는 현장의 목소리를 듣고 개입한 뒤 그 결과를 환류하는 순환 구조 속에서 유지되어야 한다(Calleja et al., 2021). 신뢰성은 기술적 성능보다 정보 출처의 투명성을 관리하는 설계의 영역으로, 전문가 그룹의 검증을 거친 데이터를 활용해 답변의 근거를 명확히 제시하는 것은 시스템에 대한 믿음을 얻기 위한 최소 요건이다(White et al., 2022; Xiao et al., 2023). 또한 형평성은 언어 장벽이나 정보 접근성이 낮은 취약 계층까지 아우르는 채널 설계를 통해 기술이 오히려 정보 격차를 심화시키는 역효과를 방지하는 핵심 지표가 되어야 한다(Cianciulli et al., 2025). 마지막으로 책임성은 인간의 감독과 윤리적 지침이 작동하는 거버넌스를 통해 완성된다.

결국 미래 보건 위기 대비의 본질은 이러한 지표들을 바탕으로 소통의 영역을 확장할 수 있는 현장 대응 역량을 갖추는 데 있다. 인공지능이 제공하는 시스템적 효율과 인간 전문가가 지닌 윤리적 성찰을 유기적으로 결합할 때, 우리는 비로소 정보의 일관성을 지키고 공동체의 안전을 수호하는 실전형 보건 위기 소통의 인프라를 완성할 수 있을 것이다.

참고문헌

백혜진(2022). 《공공 위기 소통》. 커뮤니케이션북스.

질병관리청(2025). "코로나19 소통의 기록: 감염병 위기소통 대응 경험과 교훈". 질병관리청.

Calleja, N. et al.(2021). A public health research agenda for managing infodemics. *JMIR Infodemiology, 1*(1), e30979. https://doi.org/10.2196/30979

Cianciulli, A. et al.(2025). Artificial intelligence and digital technologies against health misinformation: A scoping review of public health responses. *Healthcare, 13*(20), 2623. https://doi.org/10.3390/healthcare13202623

Sezgin, E. & Kocaballi, A. B.(2025). The era of generalist conversational artificial intelligence to support public health communications. *Journal of Medical Internet Research, 27,*

e69007. https://doi.org/10.2196/69007
Walwema, J.(2021). The WHO Health Alert: Communicating a global pandemic with WhatsApp. Journal of Business and Technical Communication, 35(1), 35~40. https://doi.org/10.1177/1050651920958507
White, B. K. et al.(2022). User experience of COVID-19 chatbots: Scoping review. *Journal of Medical Internet Research, 24*(12), e35903. https://doi.org/10.2196/35903
Xiao, Z. et al.(2023). Powering an AI chatbot with expert sourcing to support credible health information access. arXiv Preprint. https://arxiv.org/abs/2301.10710

07

AI 건강 문해력

배가 아프면 병원을 찾거나 검색창을 두드리던 시대는 지나갔다. 이제는 생성형 AI에게 증상을 상세히 설명하고 다음 조치를 묻는 시대다. 그러나 정보 습득의 편의성이 곧바로 '합리적인 건강 결정'을 보장하지는 않는다. 핵심은 결국 문해력이다. AI가 정보를 스스로 생성하고 요약하며 권고하는 환경에서, 건강 문해력의 층위는 더욱 복잡해졌다. 이제 우리는 기술의 편리함 이면에 숨겨진 편향, 환각, 개인정보 침해의 문제를 꿰뚫어 보아야 한다.

AI와 애니메이션?

검색의 시대에서 대화의 시대로

배가 아프다. 며칠째다. 과거에는 증상을 검색창에 입력한 뒤 정부 기관의 공고나 병원 홈페이지, 의사의 칼럼을 일일이 훑어야 했다. 이제는 다르다. 몇 차례의 대화만으로 요약과 권고를 제시하는 AI 건강 챗봇을 먼저 실행한다. 키워드를 나열하던 '검색의 시대'에서, 증상을 설명하고 최선의 행동 방향을 묻는 '대화의 시대'로 건강 정보 이용 방식이 바뀌고 있다. 그러나 정보에 대한 접근이 쉬워졌다고 해서 최적의 건강 결정이 자동으로 보장되지는 않는다. 생성형 AI가 답변을 내놓는 순간에도, 그 내용을 비판적으로 검토하고 신뢰성을 판단하며 실제 삶에 적용하는 최종적인 결정권은 여전히 인간의 몫으로 남아 있기 때문이다. 질문을 통해 유용한 정보를 끌어내는 '프롬프트 활용 능력'과 AI의 권고를 전문가의 판단과 유기적으로 연결하는 '비판적 통합 감각'이 이 시대의 새로운 필수 역량으로 요구되는 이유다. 결국 AI와 소통하며 건강을 스스로 관리하기 위해서는 정보를 단순히 얻는 기술을 넘어, 그 정보를 올바르게 이해하고 활용하는 근본적인 힘이 필요하다. 우리는 이 힘을 '건강 문해력'이라 부른다.

건강 문해력의 진화와 확장

건강 문해력(Health Literacy)은 단순히 글을 읽고 수치를 해석하는 능력을 넘어, 의료진의 설명을 이해하고 질문하며 치료의 위험과 이익을 비교해 일상의 행동으로 옮기는 전 과정을 의미한다. 문해력이 낮을수록 치료 순응도와 자기관리 능력이 떨어지고 불필요한 의료 비용이 발생한다는 점에서, 이는 개인의 문제를 넘어 공중 보건의 질과 형평성을 좌우하는 핵심 요인으로 논의되어 왔다(Parker & Ratzan, 2010). 미국 의학연구소(IOM)는 일찍이 이를 '적절한 건강 결정을 내리는 데 필요한 정보를 획득하고 처리하며 이해하는 역량'으로 정의하며 그 중요성을 강조했다(IOM, 2004).

이러한 건강 문해력의 개념은 최근 사회적 · 정책적 흐름에 따라 그 범위를 넓혀가고 있다. 미국의 건강 증진 계획인 'Healthy People 2030'은 건강 문해력을 개인의 역량에 국한하지 않는다. 대신, 사람들이 정보를 쉽게 찾고 이해하며 사용할 수 있도록 모든 조직이 환경을 개선해야 한다는 조직적 건강 문해력의 영역으로 개념을 확장하고 있다(ODPHP, n.d.). 국내에서도 제5차 국민건강증진종합계획(HP2030)을 통해 공신력 있는 정보 제공과 사용자 친화적 설계, 디지털 취약 계층 지원을 주요 과제로 설정하며 건강 문해력을 사회 구조적 문제로 다루기 시작했다. 이는 개인의 역량 강화 못지않게, 보건의료 시스템의 소통 환경 구축 자체가 핵심 과제가 되었음을 시사한다.

이러한 확장은 디지털 환경의 보편화와 궤를 같이한다. 건강 정보의 주요 창구가 병원과 전문가에서 포털, SNS, 모바일 앱으로 이동하면서 온라인 환경에서 정보를 탐색하고 출처를 구분하는 디지털 건강 문해력(eHEALS)이 부상했다(Norman & Skinner, 2006). 하지만 정보 접근성이 높아진 만큼 허위 정보와 알고리즘 추천에 따른 편향 역시 개인이 감당해야 할 부담으로 전가되었다. 최근 연구에 따르면 국내 성인의 약 30%가 낮은 수준의 디지털 건강 문해력을 보였으며, 특히 정보의 비판적 평가 역량이 취약한 고령층에서 기술적 편의가 오히려 새로운 정보 장벽이 될 수 있음이 드러났다(Yoon et al., 2025). 이러한 맥락에서 생성형 AI의 등장은 우리가 정보를 단순히 '찾는' 단계를 넘어, 시스템이 생성한 '권고'와 '예측'의 타당성을 끊임없이 검증하고 실제 삶에 적용해야 하는 고도의 소통 역량을 요구하고 있다.

AI 건강 문해력의 부상과 다섯 가지 특성

생성형 AI의 등장은 정보를 단순히 검색하고 수용하던 기존의 방식에 근본적인 균열을 냈다. 이제 사용자의 역할은 주어진 정보를 고르는 '단순 선택자'에서 AI와 대화를 주고받으며 결과물을 함께 만들어가고 검증하는 '공동 생성자'로 확대되었다. 사용자는 스스로 질문을 던져 맞춤형 정보를 직접 생성해 내는 주체가 된 동시에, 그 출력물에 담긴 불확실성과 편향성, 그리고 책임의 주체까지 비판적으로 판단해야 하는 무거운 책무를 지게 되었다. 세계보건기구(WHO)는 최근 가이드라인을 통해 이러한 변화가 건강관리의 효율성을 비약적으로 높이는 기회가 될 수 있으나, 동시에 기술의 안전성과 투명성을 담보해야 하는 새로운 숙제를 던졌다고 강조한다(WHO, 2025).

이러한 배경에서 대두된 AI 건강 문해력은 개인과 조직이 AI가 관여한 건강 정보와 서비스를 찾고 평가하며 안전하게 활용하기 위해 필요한 지식, 기술, 태도의 집합이다. 이는 단순히 기기를 능숙하게 다루는 기술적 역량을 넘어, 데이터와 알고리즘의 한계를 인식하고 인간의 최종 감독을 전제로 책임 있는 의사 결정을 내리는 고도의 인지적 역량을 포함한다. WHO가 제시한 AI 건강 문해력의 핵심 특성은 다음의 다섯 가지 영역으로 구체화된다.

첫째는 알고리즘에 대한 비판적 인식이다. 이는 AI의 답변이 절대적인 진리가 아니라 학습된 데이터에 기반한 확률적 추정치임을 인지하는 능력이다. 특히 대규모 언어 모델은 문맥상 매우 그럴듯해 보이지만 사실 관계가 틀린 '그럴듯한 오류(Hallucination)'를 생성할 위험이 상존한다. 따라서 사용자는 AI의 답변이 데이터 편향성에 영향을 받을 수 있음을 이해하고, 제공된 정보를 무비판적으로 수용하기보다 검증이 필요한 참고 자료로 간주하는 신중한 태도를 갖추어야 한다.

둘째는 상호작용 역량이다. 인공지능 시대의 문해력은 읽는 능력만큼이나 질문하는 능력이 중요하다. 사용자는 자신의 상황에 맞는 정보를 얻기 위해 질문을 정교하게 구조화하고, AI에게 답변의 출처와 근거를 명확히 제시할 것을 요구해야 한다. 또한 단발성 질문에 그치지 않고 지속적인 재질문을 통해 정보의 수준과 범위를 조정하는 '대화적 검증' 과정을 거침으로써 정보의 정확성을 스스로 확인해 나가야 한다.

셋째는 윤리 · 형평 · 책임의 가치 내면화다. AI가 생성한 정보가 특정 인종이나 계층에 편향되지는 않았는지, 그리고 AI가 개입된 의사 결정에서 결과에 대한 최종 책임 주체가 누구인지를 따져 묻는 역량이다. 이는 기술 제공자가 AI의 활용 여부와 한계를 투명하게 고지하고 있는지 감시하고, 기술의 혜택이 소외 계층 없이 공정하게 배분되도록 포용적인 소통 환경을 요구하는 시민 의식을 포괄한다.

넷째는 데이터 권리와 보안 의식이다. 인공지능과 건강 상담을 나누는 과정에서 민감한 개인정보가 어떻게 수집되고 활용되는지 파악하는 능력이다. 사용자는 개인정보의 최소 수집 원칙이 지켜지고 있는지 확인하고, 데이터 활용 목적에 대한 동의와 철회 과정에 대해 명확히 이해해야 한다. 특히 건강 데이터는 유출 시 돌이킬 수 없는 피해를 초래할 수 있으므로, AI와의 소통 환경에서 보안 수칙을 준수하고 자신의 정보 주권을 보호하는 태도가 문해력의 필수 요소로 강조된다.

마지막으로 인간-AI 협업 역량이다. 이는 인공지능의 편의성과 인간 전문가의 전문적 판단 사이에서 균형을 잡는 능력이다. 실제 의료 현장에서는 AI의 단독 판단보다 의료진의 감독이 결합될 때 진단의 신뢰와 안전이 극대화된다. 따라서 사용자는 AI를 전지전능한 해결사로 맹신하기보다, 전문가와의 최종 상담을 돕는 보조적 파트너로 활용함으로써 기술과 인간의 지혜를 유기적으로 통합하는 지혜를 발휘해야 한다.

AI 건강 리터러시의 시험대

앞서 살펴본 AI 건강 문해력의 다섯 가지 특성은 실제 보건 의료 현장에서 구체적인 기회와 위협을 마주하며 시험대에 오른다. 우선 활용 측면에서 생성형 AI는 복잡한 전문 지식을 일상적인 언어로 번역하여 소통의 격차를 줄이는 강력한 도구로 기능한다. 여러 연구에 따르면 대규모 언어 모델은 의학적 핵심 정보의 정확성을 유지하면서도 환자 교육 자료의 가독성을 유의미하게 개선하는 것으로 보고되었다. 특히 병원 퇴원 요약문을 환자의 눈높이에 맞춰 평이한 언어로 재작성함으로써 환자 스스로의 사후 관리를 돕는 구체적인 사례들이 확인되고 있다(Aydin et al., 2024; Will et al., 2025).

하지만 이러한 기술적 편익의 이면에는 위험성 또한 공존한다. 의료 데이터로 학습된 AI 시스템이 외부 공격에 노출될 경우 지극히 민감한 개인정보가 유출될 가능성이 상존하기 때문이다(Kim et al., 2024). 실제로 미국에서는 의료 기관을 겨냥한 사이버 공격으로 수백만 명의 환자 정보가 노출되며 시스템의 취약성이 드러나기도 했다(HCA Healthcare, 2023). 또한 환자용 챗봇은 편의 제공을 명목으로 다량의 정보를 수집하지만, 데이터의 이동 경로와 제3자 제공 여부에 대한 고지가 불충분하여 프라이버시 침해와 그에 따른 이차적인 피해 위험이 반복적으로 지적되고 있다(Clark & Bailey, 2024).

이러한 맥락에서 단순한 디지털 건강 문해력을 넘어, AI 윤리 리터러시가 요구된다. 이는 AI의 사용 여부와 기술적 한계에 대해 끊임없이 질문하고, 답변의 공정성과 책임 소재를 점검하며, 개인정보 보호와 위험 관리를 일상에서 실천하는 역량을 포괄한다. 세계보건기구(WHO)의 AI 윤리 원칙과 생성형 AI 가이드, 미국 국립표준기술연구소(NIST)의 위험 관리 프레임워크가 공통적으로 투명성, 형평성, 책임성, 그리고 인간의 감독을 핵심 원칙으로 제시하는 이유도 여기에 있다. 결국 AI 건강 문해력은 화려한 기술을 다루는 능력이 아니라, 인공지능이 개입된 건강 의사 결정 과정을 안전하고 신뢰할 수 있게 만드는 '비판적 판단 역량'이라 할 수 있다.

정보 활용을 넘어 윤리적 판단으로

건강 문해력은 과거의 단순한 정보 이해 능력을 넘어, 오늘날 상호작용과 비판적 판단을 아우르는 복합적인 역량으로 진화해 왔다. 이제 건강 문해력은 개인의 노력을 넘어 정보를 제공하는 조직의 책임까지 결합된 이중적인 구조로 자리 잡았으며, 생성형 AI의 확산은 이러한 흐름을 AI 건강 문해력이라는 새로운 영역으로 자연스럽게 확장시키고 있다. 여기서 핵심은 기술에 대한 맹목적인 신뢰나 막연한 거부가 아니다. 오히려 정보의 근거와 한계를 끊임없이 질문하고, 인공지능이 제시하는 불확실성을 전제로 데이터를 해석하며, 이를 자신의 삶에 책임 있게 통합하는 소통의 태도가 무엇보다 중요하다.

개인은 기술이 주는 편의성에 안주하기보다 지속적인 재질문과 교차 검증을 통해 스스로 정보를 걸러내야 한다. 이와 동시에 정보를 제공하는 조직은 누구나 이해하기 쉬운 언어를 사용하고, AI의 개입 여부를 투명하게 고지하며, 서비스 배포 이후에도 발생할 수 있는 오류를 철저히 관리하는 사후 감시 체계를 표준화해야 한다. 이러한 개인의 비판적 태도와 조직의 윤리적 책임이 맞물릴 때 비로소 AI는 건강 소통의 격차를 해소하고, 환자와 의료진 모두에게 공정한 가치를 나누는 따뜻한 기술로 거듭날 수 있다.

참고문헌

Aydin, S. et al.(2024). Large language models in patient education: A scoping review of applications in medicine. *Frontiers in Medicine, 11*, 1477898. https://doi.org/10.3389/fmed.2024.1477898

Clark, M. & Bailey, S.(2024). Chatbots in health care: Connecting patients to information(CADTH Horizon Scan No. EH0122). Canadian Agency for Drugs and Technologies in Health.

HCA Healthcare(2023.7.10). HCA Healthcare reports data security incident. https://investor.hcahealthcare.com/news/news-details/2023/HCA-Healthcare-Reports-Data-Security-Incident/default.aspx

Institute of Medicine(IOM, 2004). *Health literacy: A prescription to end confusion.* National Academies Press.

Kim, M. et al.(2024). Fine-tuning LLMs with medical data: Can safety be ensured? *NEJM AI, 2*(1). https://doi.org/10.1056/AIcs2400390

Norman, C. D. & Skinner, H. A.(2006). eHEALS: The eHealth literacy scale. *Journal of Medical Internet Research, 8*(4), e27. https://doi.org/10.2196/jmir.8.4.e27

ODPHP(n.d.). Health literacy in Healthy People 2030. Office of Disease Prevention and Health Promotion. https://odphp.health.gov/healthypeople/priority-areas/health-literacy-healthy-people-2030

Parker, R. & Ratzan, S. C.(2010). Health literacy: A second decade of distinction for Americans. *Journal of Health*

Communication, 15(S2), pp.20~33.
https://doi.org/10.1080/10810730.2010.501094
World Health Organization(WHO, 2025). Ethics and governance of artificial intelligence for health: Guidance on large multi-modal models.
Will, J. et al.(2025). Enhancing the readability of online patient education materials using large language models: Cross-sectional study. *Journal of Medical Internet Research, 27*, e69955. https://doi.org/10.2196/69955
Yoon, J. et al.(2025). Digital health literacy in the general population: National cross-sectional survey study. *Journal of Medical Internet Research, 27*, e67780. https://doi.org/10.2196/67780

08
AI와 의료 접근성

인공지능은 개인이 의료에 '접근하는 방식' 자체를 근본적으로 재편하고 있다. 음성 인터페이스, 원격 의료 플랫폼, 데이터 기반의 상시 모니터링은 의료의 접점을 병원이라는 물리적 공간에서 일상이라는 생활공간으로 확장했다. 그러나 이러한 변화는 동시에 새로운 불평등과 윤리적 질문을 제기한다. 이 장은 AI가 의료 접근성을 어떻게 확장하고, 또 어떤 조건에서 한계를 드러내는지를 탐색한다.

AI와 인재 채용?

“알렉사, 의사와 얘기하고 싶어”

한밤중 갑자기 열이 나는 상황을 가정해 보자. 응급실에 가기엔 증상이 경미해 보이고, 다음 날 아침까지 기다리기엔 불안감이 크다. 이때 환자가 해야 할 일은 더 이상 지도 앱에서 문 연 병원을 검색하는 수고로움이 아니다. 스마트 스피커를 향해 “알렉사, 의사와 얘기하고 싶어”라고 말하는 것만으로 의료 접근은 즉각 시작된다. 환자의 요청은 실시간으로 원격 의료 플랫폼에 전달되고, 연결된 의사가 전화나 영상을 통해 상담을 제공한다. 의료가 특정 기기나 공간에 묶여 있지 않고, 음성 인터페이스와 AI가 의료 접근의 첫 관문이 되는 시대가 열린 것이다.

이 사례는 아마존의 스마트 스피커 ‘에코(Echo)’와 원격 의료 기업 텔라닥(Teladoc Health)의 협업을 통해 현실화되었다. 미국 스마트 스피커 시장의 약 70%를 점유한 에코와 7000만 명 이상의 이용자를 보유한 텔라닥의 결합은 단순한 서비스 확장을 넘어, 의료 접근성의 정의 자체를 바꾸는 사건이다(메디게이트 뉴스, 2022). 진료 대기 시간은 단축되었고, 물리적 이동의 번거로움은 사라졌으며, 일부 보험 가입자에게는 비용 장벽마저 낮아졌다. 이 변화의 핵심 동력인 AI는 환자의 초기 요청을 인식하고 증상을 구조화하며, 적절한 의료 인력을 매칭하는 기민한 연결고리로 기능한다. 이는 의료를 단순히 원격으로 옮겨 놓는 기술적 편리함을 넘어, 의료 체계로 진입하는 문턱 자체를 낮추는 구조적 전환을 의미한다.

의료 접근성 개념의 진화와 한계

의료 접근성은 오랫동안 환자가 필요한 의료 서비스를 적시에 이용할 수 있는 객관적 조건으로 정의되어 왔다. 그간의 논의는 주로 의료 시설의 지리적 분포, 전문 인력의 가용성, 의료비 부담 능력, 그리고 물리적 거리와 같은 자원 배분의 문제에 집중해 왔다. 이러한 관점은 의료 접근을 '이미 진료를 받기로 결심한 사람'의 문제로 전제하며, 그가 병원 문턱에 실제로 도달할 수 있는지에 소통의 초점을 맞추어 온 결과다.

그러나 최근의 연구들은 의료 접근성의 병목 현상이 단순히 물리적 자원의 부족만으로 설명되지 않음을 반복적으로 증명하고 있다. 많은 이들이 증상이 있음에도 이를 즉각적인 의료적 문제로 인식하지 못하거나, 복잡한 보건 체계 속에서 어디에 도움을 요청해야 할지 몰라 방황한다. 혹은 낙인에 대한 두려움과 의료 체계에 대한 불신, 정보의 부재로 인해 아예 진입 자체를 포기하기도 한다. 특히 농촌 지역이나 저소득층, 이주민 집단 등 자원 취약 지역에서는 인근에 의료 시설이 존재하더라도, 의료와 연결되는 첫 단추인 '인지와 소통' 단계에서 정보가 차단되는 경우가 빈번하게 발생한다(Balakrishnan et al., 2025; Ciecierski-Holmes et al., 2022).

건강 소통 연구는 이러한 한계를 보완하며 접근성을 과정적 개념으로 재정의해 왔다. 의료 정보에 노출되어 이를 이해하고, 신뢰를 형성하여 실제 행동으로 이어지는 소통의 전 과정이 의료 서비스 이용의 필수 전제 조건이기 때문이다. 결국 진정한 의미의 접근성은 병원 문 앞의 물리적 장벽을 제거하는 것뿐만 아니라, 스스로 의료가 필요함을 깨닫고 적절한 도움을 요청하기까지 마주하는 인지적 · 사회적 장벽을 허무는 과정이 포함돼야 한다.

그럼에도 기존의 소통 중심 접근은 개인의 자발적 판단과 제도적 문턱을 근본적으로 변화시키는 데에는 한계가 있었다. 대중매체와 인터넷은 건강 정보 보급의 핵심 수단으로 기능해 왔으나, 정보를 탐색하고 신뢰하며 실제 삶에 활용하는 방식은 인종, 민족, 언어, 사회 계층에 따라 체계적인 편차를 보이기 때문이다.

실제로 대규모 교차 분석 연구에 따르면, 이러한 소통의 격차는 사회적 배경에 따라 극명하게 나타난다. 히스패닉 집단은 비히스패닉 백인에 비해 건강 정보를 획득하는 과정에서 심각한 어려움을 겪을 확률이 약 2.18배 높았으며, 저소득층은 고소득층보다 정보를 불신하거나 이해하지 못할 위험이 최대 3배 가까이 높은 것으로 나타났다(Viswanath & Ackerson, 2011). 이러한 소통의 결핍은 단순히 '정보가 부족한 상태'에 머물지 않는다. 이는 특정 집단이 의료 체계로 진입하는 입구 자체를 차단함으로써 의료 접근성의 불평등을 구조적으로 재생산하는 핵심 기제가 된다.

이처럼 고착화된 소통의 장벽 앞에서 기존의 방식이 한계에 부딪혔을 때, AI는 의료 접근성의 성격 자체를 근본적으로 변화시킬 수 있는 새로운 가능성을 제시한다.

AI가 재구성하는 의료 접근성의 구조

AI의 핵심 기여는 단순히 진단 결과의 수치를 개선하는 데 그치지 않고, 의료와 시민이 만나는 첫 접점의 성격을 재구성하는 데 있다. 기존의 의료 접근이 개인이 스스로 증상을 자각한 뒤에야 시작되는 수동적 과정이었다면, AI 기반 시스템은 일상의 디지털 흔적과 언어 패턴을 분석하여 개인이 인식하지 못한 초기 위험 신호를 선제적으로 가시화한다. 이는 의료 접근을 '병이 깊어져 참기 힘

들 때 어쩔 수 없이 병원을 찾는 일'이 아니라 일상의 데이터를 통해 내 몸의 이상 신호를 미리 발견하고 대처하는 '선제적인 관리 과정'으로 변화시킨다(Balakrishnan et al., 2025).

이러한 변화는 일차 의료 현장에서 더욱 실질적인 성과로 나타난다. AI는 환자의 비정형 데이터를 실시간으로 해석하여 위급도를 분류함으로써, 불필요한 응급실 방문을 줄이고, 최적의 의료진과 적시에 연결되도록 돕는다. 특히 AI는 진료 전 단계에서 환자의 정보를 구조화하여 의사에게 전달함으로써 진료의 효율성을 높이고, 일회성 방문에 그쳤던 진료를 데이터 기반의 연속적인 관리 체계로 전환하는 핵심적인 역할을 수행한다(Yang, 2023). 이 과정에서 AI는 환자와 시스템 사이의 중개자로 작동하며, 난해한 의료 전문 언어를 환자의 삶의 맥락에 닿는 생활 언어로 번역하는 소통 인프라로 기능한다.

특히 의료 인력과 시설의 편중으로 인한 지역적 불균형을 해소하는 데 AI의 역할은 결정적이다. 전문의가 부족한 농촌 및 보건 취약 지역에서 AI 기반 원격 플랫폼과 자동화된 진단 보조 도구는 물리적 거리의 장벽을 지우는 것을 넘어, 의료 체계로의 초기 진입 가능성을 실질적으로 확장해 왔다(Balakrishnan et al., 2025; Wahl et al., 2018). 결국 AI는 의료진을 대체하는 위협이 아니라, 정보의 비대칭성을 해소하여 환자가 자신의 건강 상태에 대해 능동적인 의사 결정을 내릴 수 있도록 '시민의 의료 권한'을 넓혀주는 도구가 된다. 다만, 이러한 기술적 혜택은 보편적 접근권과 데이터 활용 역량이 뒷받침되는 환경에서만 비로소 공정한 선순환 구조를 형성할 수 있다.

디지털 헬스 인프라와 자원 취약 환경에서의 AI 활용

AI 기반 의료 접근성의 성패는 기술 자체보다 이를 뒷받침하는 데이터 인프라에 좌우된다. 특히 자원 취약 환경에서는 AI가 개별 문제를 해결하는 도구를 넘어, 의료 체계 전체가 작동하도록 하는 필수 조건으로 기능한다.

자원 취약 환경에서 의료 접근성의 근본적인 제약은 종종 의료 인력의 절대적 부족보다 의료 정보가 축적되거나 연결되지 않는 '정보의 단절'에 있다. 환자의 증상과 병력은 파편화되어 있고, 의료진의 판단은 개별 경험에 의존하며, 보건 시스템 차원의 학습과 환류는 제한적이다. 이러한 조건에서는 AI 알고리즘이 존재하더라도 실제로 작동할 수 있는 토대가 부족하다(Wahl et al.,

2018).

전자 의무 기록(EMR) 시스템은 이러한 구조를 전환하는 출발점이다. EMR는 단순한 기록 수단이 아니라, 환자의 상태를 시간적으로 연결하고 의료 체계가 축적된 정보를 기반으로 작동할 수 있도록 만드는 핵심 인프라다. 자원 취약 국가에서 EMR의 도입은 곧 AI 적용 가능성의 확대를 의미하며, 의료 접근성을 개인의 우연적 선택이 아니라 체계적 연결의 문제로 전환시킬 수 있다 (Ciecierski-Holmes et al., 2022).

클라우드 컴퓨팅과 모바일 헬스 역시 인프라 격차를 완화하는 중요한 조건으로 작용한다. 높은 비용의 IT 인프라를 자체적으로 구축하기 어려운 환경에서 클라우드는 연산과 저장의 장벽을 낮추고, 모바일 기반 서비스는 병원이라는 고정된 공간을 넘어 의료 체계를 일상 공간으로 확장한다. 중요한 것은 개별 기술의 도입이 아니라 데이터가 지속적으로 생성되고 연결되는 구조의 형성 여부다.

AI의 한계와 윤리적 쟁점, 의료 접근성의 미래

AI의 잠재력에도 불구하고 여러 한계와 윤리적 쟁점이 존재한다. 데이터 부족과 품질 문제, 진단과 치료 간의 구조적 단절, 언어와 문화적 장벽, 인프라 제약은 여전히 의료 접근성 확대의 장애물로 작용한다(Wahl et al., 2018). 또한 AI는 접근성을 자동으로 보장하지 않으며, 기술 중심 설계는 오히려 새로운 형태의 배제를 낳을 수 있다는 비판도 제기된다.

실제로 미국의 특정 의료 알고리즘이 동일한 건강 상태임에도 백인 환자에게 더 높은 위험 점수를 부여해 의료 자원 배분의 불평등을 초래한 사례가 보고된 바 있다(Obermeyer et al., 2019). 또한 코로나19 팬데믹 기간 중 원격 의료 이용 양상을 분석한 연구에서는 비히스패닉계 백인이나 고소득층에서 이용률이 높게 나타난 반면, 저소득층과 고령층에서는 상대적으로 접근이 제한되었다(Eberly et al., 2020).

결국 AI 기반 의료 접근성의 미래는 기술 고도화뿐만 아니라 인간 중심 설계와 설명 가능성, 그리고 공정성을 전제로 한 소통 구조에 달려 있다(London, 2019). 환자의 이해와 신뢰를 얻지 못한 기술은 형식적인 접근성만 개선할 뿐, 진정한 의미의 의료 참여를 이끌어내기 어렵다. 기술이 소외된 이들의 목소리에 귀를 기울이고 의료 체계와 인간을 잇는 진정한 중재자로 기능할 때, 비로소 의료 접근성의 혁신은 완성될 수 있을 것이다.

참고문헌

메디게이트 뉴스(2022.3.8). "텔라닥·아마존 원격의료 협업… '알렉사, 의사를 부탁해'". https://medigatenews.com/news/2350618367

Balakrishnan, K. et al.(2025). Artificial intelligence in rural healthcare delivery: Bridging gaps and enhancing equity through innovation. arXiv. https://doi.org/10.48550/arXiv.2508.11738

Ciecierski-Holmes, T. et al.(2022). Artificial intelligence for strengthening healthcare systems in low- and middle-income countries: A systematic scoping review. *NPJ Digital Medicine, 5*(1), 162. https://doi.org/10.1038/s41746-022-00700-y

Eberly, L. A. et al.(2020). Patient characteristics associated with telemedicine access for primary and specialty ambulatory care during the COVID-19 pandemic. *JAMA Network Open, 3*(12), e2031640. https://doi.org/10.1001/jamanetworkopen.2020.31640

London, A. J.(2019). Artificial intelligence and black-box medical decisions: Accuracy versus explainability. *Hastings Center Report, 49*(1), pp.15~21. https://doi.org/10.1002/hast.973

Obermeyer, Z. et al.(2019). Dissecting racial bias in an algorithm used to manage the health of populations. *Science, 366*(6464), pp.447~453. https://doi.org/10.1126/science.aax2342

Viswanath, K. & Ackerson, L. K.(2011). Race, ethnicity, language, social class, and health communication inequalities: A nationally representative cross-sectional

study. *PLoS ONE, 6*(1), e14550.
https://doi.org/10.1371/journal.pone.0014550
Wahl, B. et al.(2018). Artificial intelligence (AI) and global health: How can AI contribute to health in resource-poor settings?. *BMJ Global Health, 3*(4), e000798.
https://doi.org/10.1136/bmjgh-2018-000798
Yang, H.(2023). Implementation of artificial intelligence in primary care. *Korean Journal of Family Practice, 13*(2), pp.73~79.

09
AI와 정신 건강

정신 건강은 더 이상 개인의 문제가 아니다. 보이지 않게 누적되는 언어와 행동의 미세한 균열은 종종 위험 신호를 보내지만, 우리 사회는 이를 너무 늦게 알아차린다. 이 장은 AI가 치료를 대신하는 기술이 아니라 정신적 위기를 더 이르게 감지하고, 사람이 무너지는 순간 가장 빠르게 실제 도움으로 이어주는 '안전한 연결고리'로 작동할 수 있는지를 탐색한다.

정신 건강, 숫자가 말하는 위기

정신 건강 문제는 더 이상 개인 차원의 문제가 아니다. 전 세계와 한국 사회가 동시에 직면한 공중 보건 위기다. 세계보건기구(WHO, 2025)에 따르면 우울증을 겪는 인구는 약 2억 8000만 명, 불안 장애는 3억 5000만 명을 넘어섰으며, 연간 약 72만 명이 자살로 생을 마감한다. 특히 한국의 상황은 엄중하다. 2024년 자살률은 인구 10만 명당 29.1명으로 2011년 이후 최고치를 기록했으며, 연간 사망자는 1만 4000명을 상회했다(보건복지부, 2025).

정신 건강 위기의 특징은 일상의 변화가 서서히 누적되어 발생함에도 불구하고, 정작 사회적 발견은 한발 늦다는 데 있다. 가족이나 의료 체계가 이러한 미세 신호를 놓치면 개입의 적기를 잃게 된다. '발견의 지연'이 곧 '개입의 실패'로 이어지는 구조적 난제를 해결하는 것이 정신 건강 소통의 핵심 과제다.

기존 건강 소통 연구의 성과와 한계

건강 소통 연구는 정신 건강을 개인의 사적 문제에서 공적 의제로 전환하는 데 중요한 역할을 해 왔다. 미디어 캠페인은 우울과 불안에 대한 인식을 높이고 낙인을 완화하며, 도움 추구 행동을 정당화하는 사회적 규범 형성에 기여했다. 특히 청소년과 청년층을 대상으로 한 연구들은 태도와 신념, 도움 추구 의도 수준에서 비교적 일관된 긍정적 효과를 보고했다(Tam et al., 2024). 소셜 미디어 기반 캠페인 역시 지식과 태도 개선, 낙인 완화 가능성을 보여 주었으며, 반복 노출과 참여 경험이 도움 추구 의도와 연결될 수 있음을 시사했다(Plackett et al., 2025). 그러나 최근의 체계적 문헌 고찰에서는 이러한 인지적 변화가 실제 상담 이용이나 장기적 행동 변화로 이어지는 경로가 여전히 불안정함을 지적한다(Draganidis et al., 2024). 또한 기존 메시지들이 공감과 연대에 치중한 나머지, 위험 신호를 구체적으로 식별하고 즉각적인 행동으로 연결하는 정보는 부족했다는 비판도 제기된다(Ivic et al., 2025). 바로 이 지점에서 개인의 일상적 맥락을 기반으로 위험 신호를 식별하고 즉각적인 개입을 지원하는 AI의 역할이 요구된다.

AI로 구현하는 '발견-진단-개입'의 재설계

AI의 진정한 가치는 인간의 치료 행위를 기술적으로 대체하는 데 있지 않다. 그 본질은 위험을 조기에 포착하여 심리적 문턱을 낮추고, 개인의 상황에 최적화된 개입으로 연결하는 '정신 건강 전달 체계' 자체를 재설계하는 데 있다.

먼저 조기 감지 단계에서는 일상이 보내는 미세한 신호들을 포착하는 기술이 핵심적이다. 최근 연구들은 우울과 불안을 언어, 음성, 행동 패턴의 아주 미세한 변화만으로도 예측 가능함을 보여 준다. 예를 들어 말의 속도가 평소보다 느려지거나 억양이 단조로워지는 현상, 혹은 대화 중 긍정적인 정서 표현이 급격히 줄어드는 변화는 머신러닝 분석을 통해 식별될 수 있다(Guo et al., 2024). 이는 AI가 임상의의 주관적 판단을 대신하기보다 인간이 놓치기 쉬운 데이터의 객관성과 반복성을 보완하는 진단 보조 인프라로서 기능할 수 있음을 의미한다.

이러한 조기 감지를 가능하게 하는 기술적 토대는 디지털 표현형(Digital Phenotype)이다. 이는 스마트폰 사용 패턴, 수면 및 활동 리듬, 소셜 미디어 어조의 변화와 같은 일상의 디지털 흔적을 분석하여, 임상적 증상이 겉으로 드러나기 전의 미세한 징후를 식별해 내는 방식이다(권순용 · 강시철, 2025). 이러한 분석은 병원이라는 물리적 공간을 넘어 온라인 커뮤니티와 SNS로 확장되며, 아직 도움을 요청하지 않은 잠재적 위험군까지 탐지 범위에 포함하는 촘촘한 사회적 그물망을 형성한다.

감지된 위험은 실제적인 개입으로 이어질 때 비로소

의미를 갖는다. AI 기반의 대화형 에이전트(챗봇)는 특히 심리적 낙인에 민감한 청소년과 청년층에서 우울 증상을 감소시키는 데 유의미한 효과를 보이고 있다(Qin et al., 2025). 생성형 AI 치료 챗봇 테라봇(Therabot)의 경우, 우울 장애나 불안 장애 환자가 인간 치료자와 대화할 때 느끼는 것과 유사한 수준의 치료적 동맹(Therapeutic Alliance), 즉 치료자와 환자 사이의 정서적 유대감과 상호 신뢰 관계를 형성했다는 점이 확인되기도 했다(Heinz et al., 2025).

실제 의료 현장에서도 다양한 디지털 치료 도구들이 치료의 진입 장벽을 허물고 있다. 인지 행동 치료(CBT) 기반의 '우봇(Woebot)'은 사용자의 정서를 수시로 점검하고 부정적인 자동 사고를 재구성하도록 돕고, 리셋(reSET)은 앱과 게임 형식을 빌려 환자가 치료 과정에 더 즐겁게 몰입하고 순응하도록 설계되었다. 또한 '진저(Ginger)'와 같은 플랫폼은 AI의 상시 모니터링과 인간 전문가의 개입을 결합한 단계적 연계 시스템을 통해 단발성 상담을 연속적인 관리 과정으로 전환하고 있다(권순용 · 강시철, 2025).

AI의 가능성은 성인 정신질환을 넘어 발달 장애 영역으로도 확장된다. 자폐 스펙트럼 아동을 위한 멀티 모달 플랫폼 미이모(MiEmo)는 음악과 색상을 결합한 게임 기반으로, 감정 훈련을 통해 아이들이 사회적 정서를 자연스럽게 익히도록 돕는다(Chitti et al., 2025). 이는 AI가 질환을 교정하는 도구를 넘어, 발달 과정의 다양한 특성을 지원하는 촉매적 장치로 쓰일 수 있음을 보여 준다. 결국 AI는 독립적인 치료 주체라기보다 초기 개입과 치료 참여를 이끄는 안전한 가교로서 정신 건강 체계의 빈틈을 메우고 있다.

AI 정신 건강의 위험과 역설

AI는 정신 건강 영역에서 조기 감지와 접근성 확대라는 중요한 가능성을 열었지만, 역설적으로 심각한 위험도 내포하고 있다. 특히 감성형 혹은 동반자형 AI가 비판 없이 수용하고 공감하는 존재로 설계될수록, 사용자의 정서적 의존을 심화시키고 결과적으로 사회적 고립을 부추길 수 있다는 점이 반복적으로 지적된다. 생성형 AI의 자살 관련 응답을 분석한 연구는 위기 상황에서 일부 챗봇이 의료 기관이나 긴급 상담 센터로의 안내 없이 부정확하거나 위험한 정보를 제공할 수 있음을 경고하며, 정신 건강 영역에서 범용 AI 사용에는 엄격한 안전장치가 필요함을 강조한다(Campbell et al., 2025).

이러한 우려는 최근 법적 분쟁으로도 비화하고 있다. 2025년 미국에서는 챗GPT(GPT-4o)가 정서적으로 취약한 청소년에게 자살 관련 정보를 제공해 사망에 이르게 했다는 주장을 담은 집단 소송이 제기되었다. 내부적으로 심리적 조종 가능성에 대한 경고가 있었음에도 출시가 강행되었으며, 정서적 위로를 기대하며 AI와 대화를 시작한 17세 청소년이 점차 플랫폼에 의존하게 된 끝에 구체적인 자살 방법까지 제시받았다는 점이 핵심 쟁점이다(김미정, 2025.11.7). 이 사건은 AI의 정서적 응답이 적절한 보호 장치 없이 작동할 경우, 치료적 개입이 아니라 오히려 치명적인 위해 요인으로 전환될 수 있음을 보여주는 뼈아픈 사례다.

학술 연구 역시 감성형 AI의 효과를 단편적으로 해석해서는 안 된다고 경고한다. GPT-3 기반 챗봇을 활용한 연구에 따르면, 외로움의 수준이 높은 집단일수록 동반자형 챗봇을 더 많이 사용하며 그 관계를 친구나 치료자의 대체물로 해석하는 경향이 강하게 나타났다(Maples et al., 2024). 후속 연구들은 이러한 현상을 '자살 완화 효과'로 과도하게 일반화하는 것을 경계하며, 기존 사회적 관계가 취약한 집단에서는 AI 동반자가 오히려 고립을 심화시킬 가능성이 크다고 보고했다(Liu et al., 2025;

Zimmerman & Ruiz, 2025).

또 다른 윤리적 쟁점은 사고 과정의 외주화에 따른 인지적 위축이다. 생성형 AI가 사고 정리, 문제 해결, 의사결정을 대신 수행할수록 사용자는 점차 자신의 고유한 사고 과정을 기술에 전적으로 의존하게 된다. 대규모 설문 연구는 생성형 AI 사용 빈도가 높을수록 비판적 사고 노력과 인지적 참여가 감소하는 경향을 보이며, 특히 AI에 대한 신뢰가 높을수록 이러한 경향이 강화된다고 보고했다(Lee et al., 2025). 이는 AI가 인간의 사고 능력을 직접 파괴하기보다, 사고할 필요가 없는 환경을 조성함으로써 장기적으로 자기 조절 능력과 심리적 회복 탄력성을 약화시킬 수 있음을 시사한다.

치료보다 조기 감지와 연계의 AI

결론적으로 정신 건강 영역에서 AI가 나아가야 할 지향점은 '더 똑똑한 치료 기계'가 아닌 '더 촘촘한 사회적 안전망'의 구축에 있다. 이를 위해 AI는 일상의 미세한 균열을 데이터로 포착하여 보이지 않는 위험을 가시화하는 도구가 되어야 하며, 위험 수위에 따라 즉각 지역사회와 전문 의료 체계로 사용자를 인도하는 가교 역할을 수행해야 한다. 무엇보다 AI의 정서적 응답이 사용자에 대한 심리적 조종으로 변질되지 않도록 엄격한 윤리 가이드라인과 안전 프로토콜을 제도적으로 정착시키는 작업이 필수적이다.

기술의 진정한 역할은 인간 전문가의 자리를 대체하는 것이 아니라, 사람이 무너지는 찰나에 가장 신속하게 도움의 손길이 닿을 수 있도록 경로를 확보하는 데 있다. AI가 이러한 '안전한 연계의 인프라'로 작동할 때, 비로소 정신 건강 소통은 위기를 극복하고 생명을 보호하는 실천적 수단으로 거듭날 수 있을 것이다.

참고문헌

권순용·강시철(2025). 《AI 의료의 미래: 튜링을 만난 히포크라테스》. 쌤앤파커스.

김미정(2025.11.7). ""챗GPT가 정신질환 유발"… 오픈AI, 美서 집단소송 휘말려". ZDNET Korea.

보건복지부(2025.9.25). "2024년도 자살률 29.1명, 2011년 이후 가장 높아 [보도자료]".

Campbell, L. O. et al.(2025). An examination of generative AI response to suicide inquires: Content analysis. *JMIR Mental Health, 12*, e73623. https://doi.org/10.2196/73623

Chitti, E. et al.(2025). MiEmo: A multi-modal platform on emotion recognition for children with autism spectrum condition. *Computers in Human Behavior Reports, 17*, 100549. https://doi.org/10.1016/j.chbr.2024.100549

Draganidis, A. et al.(2024). Social media delivered mental health campaigns and public service announcements: A systematic literature review of public engagement and help-seeking behaviours. *Social Science & Medicine, 359*, 117231. https://doi.org/10.1016/j.socscimed.2024.117231

Guo, Z. et al.(2024). Large language models for mental health applications: Systematic review. *JMIR Mental Health, 11*, e57400. https://doi.org/10.2196/57400

Heinz, M. V. et al.(2025). Randomized trial of a generative AI chatbot for mental health treatment. *NEJM AI, 2*(4), AIoa2400802. https://doi.org/10.1056/AIoa2400802

Ivic, R. K. et al.(2025). Messaging and information in mental health communication on social media: Computational and quantitative analysis. *JMIR Infodemiology, 5*, e48230. https://doi.org/10.2196/48230

Lee, H.-P. et al.(2025). The impact of generative AI on critical thinking: Self-reported reductions in cognitive effort and confidence effects from a survey of knowledge workers. *Proceedings of the CHI Conference on Human Factors in Computing Systems (CHI '25).* https://doi.org/10.1145/3706598.3713778

Liu, A. R. et al.(2025). The heterogeneous effects of AI companionship: An empirical model of chatbot usage and loneliness and a typology of user archetypes. *Proceedings of the AAAI/ACM Conference on AI, Ethics, and Society, 8*(2), pp.1585~1597. https://doi.org/10.1609/aies.v8i2.36658

Maples, B. et al.(2024). Loneliness and suicide mitigation for students using GPT3-enabled chatbots. *npj Mental Health Research, 3*, 4.

https://doi.org/10.1038/s44184-023-00047-6

Plackett, R. et al.(2025). The effectiveness of social media campaigns in improving knowledge and attitudes toward mental health and help-seeking: A scoping review. *Journal of Medical Internet Research, 27*, e68124. doi: 10.2196/68124.

Qin, J. et al.(2025). Effectiveness of communication competence in AI conversational agents for health: Systematic review and meta-analysis. *Journal of Medical Internet Research, 27*, e76296. https://doi.org/10.2196/76296

Tam, M. T. et al.(2024). A systematic review of the impacts of media mental health awareness campaigns on young people. *Health Promotion Practice, 25*(5), pp.907~920. https://doi.org/10.1177/15248399241232646

World Health Organization(WHO, 2025.9.30). Mental disorders. https://www.who.int/news-room/fact-sheets/detail/mental-disorders

Zimmerman, J. W. & Ruiz, A. J.(2025). Matters arising: A response to loneliness and suicide mitigation for students using GPT3-enabled chatbots. *npj Mental Health Research, 4*, 60. https://doi.org/10.1038/s44184-024-00083-w

10
AI 건강 소통의 빛과 그림자

AI는 맞춤형 건강 소통과 의료 접근성을 넓히는 새로운 가능성을 보여 준다. 동시에 가짜 의사, 오정보 확산, 알고리즘 편향과 디지털 격차라는 구조적 한계도 드러낸다. 이 장은 AI 건강 소통의 잠재력과 위험을 균형 있게 살피며, 신뢰 가능한 기술 활용을 위한 조건과 지향점을 모색한다.

AI와 미래 의사?

AI 가짜 의사가 판친다

"운동과 식단으로는 절대 못 뺍니다, 이것만 먹으면 한 달 만에 10kg이 빠집니다."

짧은 영상 속 또렷한 발음, 하얀 가운, "10년 이상 비만 클리닉을 운영한 전문의"라는 소개까지. 얼핏 보면 믿을 만한 의사의 건강 정보 콘텐츠처럼 보인다. 하지만 알고 보면 이 '의사'는 실존 인물이 아니다. 생성형 AI가 실제 의료인의 얼굴과 음성을 정교하게 본떠 만든 이른바 'AI 가짜 의사'다.

최근 국내 보도에 따르면 특정 영양제 업체 광고 3731건 중 약 18.6%가 AI로 생성된 가짜 의사 영상으로 확인되었다(조민희 · 구아모, 2025.9.8). 이러한 영상은 유튜브와 SNS를 통해 무차별적으로 확산되고 있으며, 2025년 국정감사에서도 주요 규제 사각지대로 지적되었다. 이에 정부는 AI 생성물 표시 의무화와 건강 분야 허위 광고의 24시간 신속 차단, 징벌적 손해배상제 도입을 골자로 한 강력한 대응책을 발표하기에 이르렀다(국무조정실, 2025.12.10).

문제는 단순한 소비자 기만을 넘어선다. 디지털 정보에 취약한 고령층과 만성질환자가 주요 피해자가 되면서 건강 소통의 근간인 '신뢰' 자체가 흔들리고 있기 때문이다. 신뢰가 붕괴된 환경에서는 백신 접종이나 공중 보건 위기 대응과 같은 국가적 과제조차 추진력을 얻기 어렵다.

아이러니하게도 같은 기술은 전혀 다른 모습으로도 작동한다. 진료 대기 중 환자의 궁금증을 해소해 주는 챗봇, 야간에도 곁을 지키는 정신 건강 상담 AI, 만성질환자의 생활 습관을 교정하는 디지털 코치는 AI가 만들어내는 분명한 '빛'이다.

그러나 정교하지 못한 설계, 데이터 편향, 알고리즘의 불투명성, 그리고 앞서 본 악의적 활용이 결합될 때 AI는 공중의 신뢰를 훼손하고 건강 불평등을 심화시키는 '그림자'가 된다. 이 장에서는 AI가 건강 소통 분야에 가져온 혁신적 가능성과 그 이면에 도사린 윤리적 딜레마를 함께 짚어보고, 신뢰 가능한 AI 건강 소통 환경을 구축하기 위해 무엇이 필요한지 모색하고자 한다.

AI의 빛: 환자 중심 건강 소통의 새로운 지평

AI는 단순한 기술적 보조를 넘어 건강 소통의 여러 지점에서 환자와 의료진의 경험을 근본적으로 재편하고 있다. 헬스케어 챗봇에 관한 체계적 문헌 연구는 AI의 역할을 두 가지 핵심 축으로 정의한다. 하나는 환자를 직접 지원하는 원격 건강 서비스이며, 다른 하나는 의료 제공자의 임상 판단과 행정을 뒷받침하는 지원 기능이다(Laymouna et al., 2024).

환자의 관점에서 AI는 병원 문을 나서는 순간 단절되었던 의료적 흐름을 일상의 영역으로 끊김 없이 이어준다. 특히 AI는 증상 모니터링을 통해 환자가 자신의 상태를 객관적으로 파악하게 하며, 적기에 필요한 건강 교육 내용을 제공함으로써 질병에 대한 이해도를 높인다. 또한 정해진 시간에 복약을 독려하고 생활 습관의 미세한 조정을 유도함으로써 실질적인 행동 변화를 촉진한다. 환자는 언제든 필요한 정보를 확보하고 진료 시 물어야 할 핵심 내용을 스스로 정리하는 등 자신의 건강권을 직접 통제하고 관리하는 경험을 쌓아가게 된다.

의료진의 관점에서 AI는 물리적 · 인지적 과부하를 덜어줌으로써 환자와 대면하는 시간의 질을 높이는 토대를 마련해 준다. 기초 문진을 자동화하고 방대한 검사 데이터 속에서 유의미한 수치를 선별해 요약함으로써 의사 결정의 정확도를 높인다. 이러한 효용은 의료 인력이 희소한 농어촌 지역이나 진료 공백 시간대에 더욱 극명하게 드러난다. 환자의 상태를 즉각 분석해 응급 이송 여부를 판단하거나 기초 정보를 안내함으로써, 의료 자원이 가장 시급한 곳에 효율적으로 배분되도록 돕는 완충 작용을 수행하기 때문이다.

이러한 변화의 종착지는 결국 '환자 중심 건강 소통'의 실질적인 구현이다. 과거의 의료 소통이 전문가의 일방적인 정보 전달과 그에 따른 순응을 전제로 했다면, AI 기반 소통은 환자의 개인적 선호, 지식 수준, 정서 상태, 심지어 문화적 배경까지 세밀하게 반영한다. 가령 고혈압 환자에게 관리 메시지를 보낼 때, AI는 환자의 성향에 따라 소통 방식을 달리한다. 분석적 성향의 환자에게는 정교한 수치 데이터를 제공하는 한편, 가족 지향적인 환자에게는 오늘의 건강관리가 사랑하는 가족과 더 오래 함께할 수 있는 시간을 만들어준다는 점을 강조하는 식이다. 이처럼 AI는 개인화된 맞춤형 소통을 실시간으로 생성해 낸다.

정신 건강 분야에서도 AI의 역할은 주목할 만하다. 대면 상담에 거부감을 느끼는 초기 위험군이나 긴 대기 시간에 지친 사람들에게 24시간 접근 가능한 자가 평가와 상담 서비스는 심리적 문턱을 대폭 낮춰 준다. 즉 AI는 인간 전문가를 대체하기보다 상담 전후의 공백을 메우고 치료로의 진입을 촉진하는 가교로서, 소통의 사각지대를 메우는 보완적 파트너 역할을 수행한다. 그러나 AI

가 비추는 '빛' 이면에는 우리가 아직 충분히 통제하지 못한 '그림자'가 드리워져 있다.

AI의 그림자 1: 가짜 뉴스, 가짜 의사, 그리고 오정보의 확산

AI가 드리우는 가장 어두운 그림자는 정보의 왜곡이다. 대형 언어 모델이 생성한 뉴스 텍스트를 대상으로 한 실험 연구에 따르면, AI가 생성한 뉴스 텍스트는 상당수 독자가 실제 기사로 착각할 만큼 정교하다(Kreps et al., 2022). 이러한 현상은 건강 · 의학 분야에서도 예외가 아니다. 예방 접종, 다이어트, 암 치료, 건강 기능 식품과 같이 개인의 불안과 기대가 크게 작용하는 주제일수록 사람들은 '믿고 싶은 정보'에 쉽게 끌리며, AI로 가공된 가짜 정보는 전문가조차 판별하기 어려울 만큼 정교해지고 있다

앞서 언급한 'AI 가짜 의사' 광고는 이러한 위험의 결정판이다. 존재하지 않는 의사를 만들어 내거나 실존 의료인의 얼굴을 무단 합성한 딥페이크(Deepfake) 영상은 전문가의 권위를 도용해 대중의 신뢰를 기망한다. 이 과정에서 "의사 추천", "임상 시험 확인", "즉각적 효과"와 같은 전통적인 허위 · 과장 광고의 표현이 AI 기술을 통

해 더욱 그럴듯하게 재구성된다.

AI는 오정보의 양적 팽창을 넘어, 확산의 경로와 속도까지 근본적으로 변화시키고 있다. 사용자 반응을 정밀하게 학습한 추천 알고리즘은 개인이 관심을 보인 콘텐츠를 반복 노출하며, 특정 정보가 한 방향으로만 증폭되는 '에코 체임버(Echo Chamber)' 환경을 강화한다. 이러한 구조는 이미 정치적 영역에서 의견 양극화를 심화시키는 핵심 기제로 입증된 바 있다. 건강 영역에서도 백신 음모론, 극단적이고 위험한 다이어트 정보, 검증되지 않은 대체 요법 등이 알고리즘을 타고 증폭될 경우, 이는 예방 접종 기피와 비과학적 치료법 남용을 부추길 뿐만 아니라 의료 전문가와 공공 기관 전반에 대한 깊은 불신을 고착화하는 결과를 초래한다.

결국 이 문제의 본질은 기술 그 자체보다 어떠한 주체가 어떤 윤리적 기준과 검증 절차를 거쳐 AI를 설계하고 운영하느냐에 달려 있다(Burke-Garcia & Soskin Hicks, 2024). 역설적으로, 공공 기관과 보건 전문가가 직접 설계에 참여한 AI 시스템은 신뢰할 수 있는 정보를 전파하는 동시에, 유통되는 허위 정보를 실시간으로 감별하고 차단하는 방어 기제가 될 수 있다. 이 점에서 AI는 오정보를 확산시키는 도구인 동시에 오정보에 대응할 수 있는 수단이라는 이중적 성격을 지닌다.

AI의 그림자 2: 편향, 격차, 심리적 부작용

AI 건강 소통이 직면한 또 다른 그림자는 기술 내부에 숨겨진 편향과 사회적 격차, 그리고 예상치 못한 심리적 부작용에서 나타난다.

첫째는 데이터와 알고리즘에 내재된 편향의 문제다. AI 시스템은 본질적으로 과거의 데이터를 학습하기 때문에, 그 안에 녹아 있는 기존의 사회적 편견과 불평등을 여과 없이 재현하거나 오히려 증폭시킬 위험이 있다(Möllmann et al., 2021). 연구자들은 AI 기반 헬스케어 기술이 인종, 성별, 사회 경제적 지위에 따라 진단이나 치료 권고에서 차별적인 결과를 낳을 수 있음을 경고한다. 이는 단순한 기술적 오류가 아니라 '블랙박스'화된 알고리즘의 불투명성에서 비롯된다. 따라서 AI가 어떠한 근거로 판단을 내렸는지 사용자가 직관적으로 이해할 수 있는 '설명 가능성(Explainability)'의 확보는 공중의 신뢰를 얻기 위한 필수 조건이다(Coeckelbergh, 2020).

둘째는 디지털 접근성과 활용 역량에 따른 격차의 심화다. AI 기반 건강 서비스는 기술 수용도가 낮은 집단, 고령층, 저소득층에게 새로운 진입 장벽이 될 수 있다.

건강 소통에 AI를 도입한다는 것은 단순한 도구의 교체를 넘어, 기존 정보 접근 체계에서 소외되었던 이들이 또 한 번 배제될 위험을 내포한다. 이는 건강 형평성 차원에서 기술 혁신이 오히려 사회적 격차를 고착화하는 결과를 낳을 수 있음을 의미한다.

셋째는 심리적·정서적 부작용에 대한 우려다. 특히 정신 건강 영역에서 AI는 사용자의 부정적 사고 체계를 비판적으로 교정하기보다, 이를 무비판적으로 수용하고 강화함으로써 개인을 더 깊은 고립으로 몰아넣을 위험이 있다. 타인과의 관계에서 왜곡된 신념을 가진 사람이 AI와의 폐쇄적인 상호작용에만 의존할 경우, 실제 인간관계 속에서 겪어야 할 조정과 학습의 기회를 상실하게 된다. 결국 AI는 사회로 나아가는 연결 고리가 될 수도 있지만, 잘못 설계될 경우 고립을 강화하는 요인이 될 수 있다.

신뢰할 수 있는 AI 건강 소통을 위한 조건

AI 건강 소통이 본연의 잠재력을 발휘하기 위해서는 기술적 고도화만큼이나 견고한 제도적·윤리적 기반이 뒷받침되어야 한다.

먼저 규제의 정교화가 선행되어야 한다. AI 생성물임

을 명시하는 표시제와 건강·의료 분야 허위 광고에 대한 즉각적인 차단 시스템, 그리고 악의적 오정보 확산에 대한 징벌적 손해배상제는 건강 정보 시장의 질서를 유지하기 위한 최소한의 안전장치다. 특히 의료인을 사칭하는 딥페이크 광고에 대해서는 한층 엄격한 감시 체계와 처벌 기준이 마련되어야 한다.

둘째, 국제적 윤리 원칙의 수용과 현지화가 필수적이다. 세계보건기구(WHO, 2021)가 제시한 AI 윤리 및 거버넌스 6대 원칙―자율성 존중, 공공선 증진, 투명성, 책임성, 포괄성, 지속 가능성―은 모든 AI 건강 소통 설계의 표준이 되어야 한다. 모든 시스템은 사용자의 자율적 판단을 보조하는 수준에서 작동해야 하며, 오류나 왜곡이 발생했을 때 책임의 소재가 명확히 규명될 수 있는 구조를 갖춰야 한다.

셋째, 환자와 시민, 의료인 등 다학제적 참여와 사회적 합의가 보장되어야 한다. AI 헬스케어는 기술 전문가만의 전유물이 아니다. 데이터 제공자이자 최종 이용자인 시민에게 충분한 설명권과 선택권이 주어져야 하며, 의료인 역시 기술이 소통의 본질을 훼손하지 않도록 거버넌스 형성에 주도적으로 참여해야 한다.

마지막으로 시민 개개인의 'AI 헬스 윤리 리터러시' 강화가 요구된다. 이는 단순히 기술을 잘 활용하는 능력을 넘어, 제공된 정보의 출처와 신뢰성, 알고리즘의 공정성을 비판적으로 평가하고 질문할 수 있는 역량을 의미한다. 시민들이 AI가 제공하는 건강 정보를 수동적으로 수용하는 소비자가 아니라, 비판적으로 해석하고 감시하는 주체로 거듭날 때 비로소 기술은 안전하게 작동할 수 있다.

결론적으로 AI는 맞춤형 소통과 의료 효율화라는 거대한 기회를 제공하지만 그 이면에는 가짜 의사, 알고리즘 편향, 정보 격차라는 구조적 위험이 공존한다. 건강 소통의 성패를 가르는 것은 기술 그 자체가 아니라 우리가 어떠한 원칙과 윤리적 성찰을 통해 그 기술을 사회적으로 통제하고 이끌어갈 것인가에 달려 있다.

참고문헌

국무조정실(2025.12.10). "AI 가짜 의사 광고 막는다… 징벌적 손해배상제 도입". 대한민국 정책브리핑. https://www.korea.kr/news/policyNewsView.do?newsId=148956230

조민희·구아모(2025.9.8). ""이것 먹으면 10kg 빠져요"… 이 의사, AI가 만든 가짜였다". 조선일보. https://www.chosun.com/national/national_general/2025/09/06/QF7JKTS2MRGTNNRFTG6OPHZT3Q/

최민지(2025.12.10). ““AI 생성물 표시하고, 차단은 빠르게”… ‘AI 가짜 의사’에 칼 빼든 정부”. 경향신문. https://www.khan.co.kr/article/202512101530001

Burke-Garcia, A. & Soskin Hicks, R.(2024). Scaling the idea of opinion leadership to address health misinformation: The case for “health communication AI”. *Journal of Health Communication, 29*(6), pp.396~399. https://doi.org/10.1080/10810730.2024.2357575

Coeckelbergh, M.(2020). *AI Ethics*. MIT Press.

Kreps, S. et al.(2022). All the news that's fit to fabricate: AI-generated text as a tool of media misinformation. *Journal of Experimental Political Science, 9*(1), pp.104~117. https://doi.org/10.1017/XPS.2020.37

Laymouna, M. et al.(2024). Roles, users, benefits, and limitations of chatbots in health care: A systematic review. *Journal of Medical Internet Research, 26*, e56930. https://doi.org/10.2196/56930

Möllmann, N. R. et al.(2021). Is it alright to use artificial intelligence in digital health? A systematic literature review on ethical considerations. *Health Informatics Journal, 27*(4), 14604582211052391. https://doi.org/10.1177/14604582211052391

World Health Organization(WHO, 2021). Ethics and governance of artificial intelligence for health. https://www.who.int/publications/i/item/9789240029200

백혜진

한양대학교 광고홍보학과 교수다. 연세대학교 신문방송학과 졸업 후 광고 실무를 거쳐 위스콘신대학교에서 매스 커뮤니케이션 석·박사 학위를 받았다. 조지아대학교 조교수, 미시간주립대학교 종신교수를 거쳐 귀국했다. 이론의 실천을 위해 식품의약품안전처 소비자위해예방국장으로 3년간 근무했다. 건강·위험·위기 커뮤니케이션과 사회 마케팅 등 공익적 연구에 매진하고 있으며, 한국헬스커뮤니케이션학회 회장과 한국언론학회 부회장을 역임했다. 스탠퍼드 대학이 선정한 '전 세계 상위 2% 연구자'다. 주요 저서로 《소셜 마케팅》, 《공공 위기 소통》, 《헬스커뮤니케이션 메시지》(공저) 외 다수가 있다.

hjpaek@hanyang.ac.kr